BASTEI
LÜBBE

RUPRECHT KNECHT

DAS WEIHNACHTS-ÜBERLEBENS-BUCH

BASTEI LÜBBE

BASTEI-LÜBBE-TASCHENBUCH
Band 12590

Originalausgabe

Printed in Germany November 1996
Einbandgestaltung: Gisela Kullowatz
Illustrationen: Gisela Kullowatz
Satz: Bosbach & Siebel Print Media Concept, Lindlar
Druck und Bindung: Ebner Ulm
ISBN 3-404-12590-8

Inhalt[1]

1 In diesem Verzeichnis wurd' mit Bedacht ein kleines Geheimnis untergebracht. Wer's nicht entdeckt, der verreckt!
Aber da Sie dieses Buch ja zum Überleben erstanden haben, ein Tip: Die Lösung finden Sie auf Seite 156.

II. Teil: Folgerungen

III. Teil: Forderungen

Danksagung, Widmung, Anmachung und Ableitung

Im Tiefflug ist ein Jahr vergangen, das reich an Hoffen, Zittern, Beben und Bangen war. Alles dies ausgelöst durch die stets gegenwärtige, beklemmende Frage: »Wird es möglich sein, einen Weg zum Überleben zu finden?«

Präziser (diese Formulierung wird Ihnen im Kontext des vorliegenden Handbuches noch zweimal begegnen): »Können wir Weihnachten überleben oder wird Weihnachten uns überleben?«

Nach Durchsicht des umfangreichen zur Verfügung stehenden Materials (eine Zeitung vom 24. 12.) und aller zugänglichen Quellen (der größte Teil blieb aus Gründen verschlossen, die auf den folgenden Seiten eindringlich dargelegt sind), bin ich zu dem Schluß gekommen, daß es noch Hoffnung gibt. Eine sehr vage allerdings. Dies vorbehaltlich der ebenso vagen Hoffnung, daß der Schluß sich nicht als Trugschluß erweist.

Mein Anliegen war es, ein straff strukturiertes, unsauber recherchiertes, schändlich kolportiertes und schamlos interpretierbares Standardwerk zu schaffen, das in seiner Art zugleich beispiellos sein sollte. So finden sich denn in diesem Hand- und Lehrbuch neben kühnen Thesen und mutigen Strategien Fakten, Folgerungen und Forderungen in unüberlegter Reihenfolge, aber eben dadurch besonders schmerzhaft verständlich.

Leser, die den einen oder anderen Gedanken vermissen, seien auf meine beiden zuvor erschienenen Werke[1] verweisen, in denen eine Fülle weiterer Aspekte nebst Nebenaspekten behandelt wird. Ihr Studium kann ich, ermuntert durch aufrichtig vernichtende Kritik wohlwollender Zeitgenossen, nur empfehlen, sei es als abwechselnde Ergänzung oder ergänzende Abwechslung.

Ich möchte die Gelegenheit nutzen, all jenen zu danken, die das Weihnachtsfest zu einer Jahr um Jahr neuen, zutiefst bereichernden Erfahrung machen, was immer darunter zu verstehen sein mag. Mein herzlicher Dank also speziell an jene.

Dazu noch der Dank an diese, die nicht wußten, was sie mit Weihnachten anfangen sollen. Das gab reichlich Anregungen.

Bleibt nunmehr nur, das Buch ausdrücklich zu widmen. Was hiermit geschehen ist.

Droben auf der Alm mit Blick aufs Meer
Ruprecht Knecht

1 »Hilfe, es weihnachtet sehr« und »Das Erste-Hilfe-Weihnachtsbuch«

I. Teil

FAKTEN

Eine TV-Diskussion zur Findung einer Definition nebst kritischer Analyse

Das rote Licht über Kamera 1 begann langsam warnend zu blinken. Egilbert Barthels-Most, Moderator der betagten Sonntagsmittag-Talgshow JPZ[1], richtete einen letzten Blick auf den Abspann der aus gegebenem Anlaß ins Programm gehobenen »Extra«-Sendung des AWS[2] und bemühte sich um Konzentration.

Er war sich der besonderen Herausforderung seiner Aufgabe vollends bewußt, handelte es sich doch um das Experiment einer Gemeinschaftssendung, von deren positivem oder negativem Ausgang nicht nur Impulse unvorstellbaren Ausmaßes auf die gesamte Medienlandschaft ausgehen würden – so oder so –, sondern auch das Schicksal der ganzen Nation, ja, des heutigen Festes abhängig war.

Nicht ganz freiwillig hatten die privat verletzlichen Sender ARD[3] und ZDF[4] sich zu dieser Gemeinschaftssendung

1 »Journalisten schwätzen – Politiker schwafeln – Zuschauer schalten ab«
2 Aktuelles Weihnachts-Studio
3 Abschaffungsgemeinschaft Religiösen Despotismus
4 Zweifelhafter Deutscher Frohsinn

aufgerafft. Dazu waren die Unterschiede wie die Werbeeinnahmen zu gering.

Barthels-Most rückte seine Krawatte mit dem eleganten Tannenzweigdekor im Nadelstreifen zurecht und wartete auf das Zeichen der Regie, um nach dem gebührend festlich visualisierten Vorspann mit der Anmoderation beginnen zu können.

Der beleibte Moderator schaute sich noch einmal von links nach rechts in der proporzerzwungenen, überaus groß ausgefallenen Teilnehmerrunde um in der Hoffnung, die Namen der Printmedienvertreter im Laufe der Sendung nicht durcheinanderzubringen.

Er lächelte Benno Derwisch, den streitbaren[5] Chefredakteur der NUURZ[6], die traditionell auf Seiten der Geschenkenehmer stand, kurz an. Darauf Siegfried Nichtig, den Bonner Korrespondenten der WAZ[7], die mehr unverbindlich liberal einzustufen war, sowie Arnold Mäßig, Feuilletonleiter der konservativ verfahrenen FAZ[8].

Da das Rotlicht nunmehr hektischer blinkte, wie Barthels-Most aus den Augenwinkeln bemerkte, wanderte sein Blick rasch weiter zu den Abgesandten der NH[9], der NO[10], von ChristBILD und Weihnachts-Welt, die mehr oder weniger erigiert – je nach Geschlecht – der Dinge harrten, zu denen sie nichts zu sagen hatten.

5 verständlicherweise nur gegen Bargeld
6 Neue Unruh/Unrein Zeitung
7 Weihnachtliche Allgemeine Zeitung
8 Frohbötliche Allgemeine Zeitung
9 Neue Halleluja'sche
10 Neue Oblaten Zeitung

In Italien warteten Tonio Ambrosi, Chefredakteur des »Ossessore Romano[11] , und Luigi Cardinale, Chefdemagoge von »Radio Vatis Kahn«, ebenso auf Einmischung wie die Sprecher zweier großer Religionsgemeinschaften, Horst Hasch für die EKD[12] und Wieland Weihrauch für die KDD[13].

Als intolerable, bewährte Fachfrau hatte vorsorglich, wie stets für alle Fälle, Eulinde Kitty-Marsmann von INFAW[14] Prognosestellung bezogen.

Mit ein wenig Bedauern registrierte Barthels-Most abschließend die Nichtpräsenz der Versager der großen Volksparteien, die nach dem anstrengenden, erfolgreichen Ringen um die zweite Diätenerhöhung binnen eines Jahres wegen verständlicher Erschöpfung vorzeitig in die wohlverdienten Parlamentsferien gegangen waren, um so zugleich auf vorbildliche Weise parteiübergreifend ihr Scherflein zum Sparwillen der Regierung beizutragen – nämlich durch Einsparung von kostbarer Arbeitszeit.

Der Jubeljingle verhallte, und die Regie gab vorsorglich per Hand das Zeichen für »On Air«, wiewohl das rote Licht nun kontinuierlich leuchtete.

Egilbert Barthels-Most spannte seine schlaffen Wangen und wulstigen Lippen zu dem süffisanten Lächeln, mit dem seine makellos gelben Zähne sichtbar wurden – Folge von zuviel Senfgenuß des notorischen Kettenwürstchenessers.

»Guten Tag, sehr begehrte Damen und Herren«, hob er moderat an. »Weihnachten steht vor der Tür. Das ist das

11 zu Deutsch: Besessener Römer
12 Evaporische Kokain Diözese
13 Kurie Despotischer Dekantierer
14 Institut für Allgemeine Weihnacht

große Thema heute, mit dem meine Kolleginnen und Kollegen und ich uns heute beschäftigen wollen. Ich begrüße …« Hier machte Barthels-Most eine weit ausholende, nichtssagende Geste und nannte die Namen der Anwesenden, die, unverhohlene Überlegenheit heuchelnd, gelangweilt nickten.

»Zugeschaltet sind aus unserem Studio Rom …«, er deutete auf den großen Monitor rechts von sich, aus dem Ambrosi und Cardinale würdevoll steinern schauten, »… sowie direkt aus dem INFAW-Studio unsere Weihnachtsquotenfrau …« – während er auf den linken Monitor wies, versanken seine Augäpfel für Sekundenbruchteile in seinen Tränensäcken – »… wenn ich so sagen darf …«

»Weihnachten – was ist das?« fuhr Barthels-Most fort, nachdem das verständnislose Schweigen der Anwesenden sich beifällig vertieft hatte. »Was verstehen wir darunter? Und mehr: Was bedeutet uns das? Was gibt es uns? Was bringt es uns? Was verweigert es uns? Was verlangt es von uns? Was erwartet es von uns? Was feiern wir da eigentlich alle Jahre wieder? Und warum? Diese uns alle bewegenden Fragen wollen wir diskutieren, um dann Weihnachten zu definieren und endlich zu analysieren.«

Er wandte sich an Nichtig, der zuerst die Hand gehoben hatte, und nickte diesem zu.

»Weihnachten ist …«, begann Nichtig nach kurzem Räuspern.

»Ist es das?« warf Derwisch sogleich skeptisch ein, was zu erwarten gewesen war.

»Typisch«, konnte Gundi Gumpel sich nicht verkneifen, den Einwurf zu kommentieren. Die gefürchtete Knatsch-Kolumnistin der NO warf herablassend den Kopf zurück.

»Deutsch«, vollendete Mäßig überzeugt.

»Richtig!« pflichtete Stefan Sollmeroder-Nicht, stellvertretender Chefkolporteur der »Weihnachts-Welt«, die sich im Untertitel auflagenunwirksam als »Mutterländisch – Mitteilsäumig – Meinungsverbildend« bezeichnete, nachdrücklich bei. »Richtig!«

»Dafür kämpfen wir!« rief Bruno Kaiser, desensibilisierter Chefredakteur des Massenblattes ChristBILD, und nutzte, weil Kamera 2 ob des außergewöhnlichen Umstandes, daß er blattuntypisch einen Satz mit Objekt, Prädikat und Subjekt herausgebracht hatte, auf ihn gerichtet worden war, die Gelegenheit, ans vermeintliche Publikum gewandt hinzuzufügen: »Für SIE! ChristBILDs Motto: Kein Herz für Sünder!«

Das bewirkte, zeitverzögert durch den Übertragungsweg, möglicherweise aber in Folge der hundsmiserablen Simultanübersetzung[15], ein mokantes Lächeln bei Tonio Ambrosi auf dem rechten Monitor.

»Kommen wir doch zurück zur Sache«, bat Barthels-Most, der befürchtete, die Übersicht zu verlieren.

Die Anwesenden zeigten Einsicht und nickten wohlwollend.

»Nun?« forschte der Moderator antwortheischend.

»Friede auf Erden!« erklärte selbstgefällig Pia Puhlig von der »NH«. Diesen Satz hatte sie verinnerlicht, seit die Verlagsleitung damit jedwede Mitbestimmung in ihrer Redaktion ausgeschlossen hatte.

»Bravo!« zollte ihr Nichtig Beifall. Die anderen klatschten.

»Mehr noch! Ich teile ferner«, fuhr er nach kurzer Pause fort, »die Meinung unseres hochverehrten Herrn Bundespräsidenten …« – alle Blicke richteten sich gespannt auf ihn – »… daß Weihnachten Geborgenheit bedeutet und …!«

15 Un cordia pro sinestres, was heißt »Ein Herz für Sünder« oder so

»Geborgenheit, ja!« unterbrach Derwisch anzüglich.

»Herr Kollege, bitte!« warf Barthels-Most flehend ein.

Derwisch hob zum Zeichen der Entschuldigung den rechten Stinkefinger und lächelte versöhnlich. »Sorry, Sie wollten meine Meinung wissen ...«

»... und«, setzte Nichtig mit erhobener Stimme neuerlich an, »... Tannenbaum, Herz ...«

»Nicht schon wieder Herz!« flehte Mäßig kopfschüttelnd.

»Das sagen ausgerechnet Sie, Herr Kollege, wo doch gerade Ihr Blatt ...!« Kaiser sprang kämpferisch auf, entschlossen, seine proweihnachtlich orientierte Massenpostille energisch zu verteidigen.

Sollmeroder-Nicht bewirkte durch seinen Einwurf »Bessere Menschen für ein paar Stunden!« ein Einlenken bei den Kampfhähnen und damit publikumswirksam praktizierten Gewaltverzicht, was ihm einen dankbar anerkennenden Blick von Barthels-Most einbrachte.

»Also, ich weiß nicht«, wandte Pia Puhlig ein, nachdem sie das Anskizzierte zu begreifen versucht hatte, und knüpfte daran die eher philosophisch anmutende Frage: »Kann ein Mensch für ein paar Stunden besser sein?«

»Wenn er richtig manipuliert wird, schon.« Derwisch lächelte zynisch. »Rein äußerlich jedenfalls.«

»Meine Herren!« erklärte Gundi Gumpel energisch. »Die Eingangsfrage lautete doch ›Weihnachten – was ist das?‹ Oder?«

Egilbert Barthels-Most belohnte ihre Harmonisierungsbemühungen mit einem hündisch dankbaren Augenaufschlag.

»Bevor wir die Diskussion fortsetzen«, beeilte er sich anzuschließen, »schalten wir nun direkt zu Eulinde Kitty-Marsmann, der Fachfestfrau von INFAW, die versuchen wird, eine Definition zu geben.«

Er wandte sich dem Großmonitor 2 zu, auf dem die Zugeschaltete, wegen ihrer Wunschprognosen häufig Gescholtene prompt zu flimmern begann. Erwartungsvolle Stille senkte sich auf die Runde.

»Verehrte Frau Kitty-Marsmann«, begann Barthels-Most und lächelte zähsenftig, »Sie haben ja gewiß mitgehört. Darf ich Sie – nicht zuletzt im Namen der Zuschauer, die in der ersten Reihe schlafen – um Ihre Definition bitten?«

»Dem Wortursprung nach«, begann Eulinde Kitty-Marsmann mit spitzem Munde bei gleichzeitigem Zurechtrücken ihres Monokels, »bedeutet dies grundsätzlich ›ze den wihen nahten‹, also ›zu den heiligen Nächten‹. Es ist das Fest der Geburt eines gewissen Jesus – der eine oder andere wird sich vielleicht dumpf an diesen Namen erinnern –, ein volkstümliches Hauptfest der christlichen Kirche, das allerdings erst gegen starke Widerstände derselben im 4. Jahrhundert eingeführt wurde, weil …«

Der Rest ging in laut anschwellendem Raunen unter, da die Parallelverbindung zum Studio Rom ebenso plötzlich abbrach, wie die zu den Vertretern von EKD und KDD.

»Meine gebliebenen Zuschauerinnen und Zuschauer«, Egilbert Barthels-Most versuchte, so gut er konnte, die Sache in den Griff zu bekommen, »wir haben scheint's eine Verhaltensstörung, wofür ich Sie um …«

Die Bildschirme im Empfangsbereich des BRRR[16] wurden, sofern denn dieser Sender eingeschaltet war, kurzzeitig einfühlsam dunkel. Dann wich die Schwärze einer von Blitzen bedeckten Karte, welche die Schmerzgrenzen besagten

16 Bajuwarischer Regionalreligionsrundfunk

Bundeslandes aufzeigten, ergänzt um die eingeblendete Mitteilung: »Wegen theologischer Störungen müssen wir dieses Programm leider unterbinden. Wir bitten um Ihr Verständnis!«

»Na schön, abschalten wollte ich ohnehin«, erklärte ein wenig verwundert, jedoch keineswegs überrascht Ruprecht Knecht[17] seiner Frau. »Das Thema war ja unerträglich dämlich!«

»Fand ich nicht«, widersprach seine bessere Hälfte ihm, die wie er – man sieht es an der Sprache – eine Zugereiste war.

»Sieh an!« staunte der Knecht, faßte sich aber schnell. »Dann sag mir bitte, was du unter Weihnachten verstehst! Was es dir bedeutet! Was es dir bringt! Nun?«

»Rupi! Warum quälst du mich? Du weißt doch, was Weihnachten mir bedeutet!« schluchzte seine Gattin auf. »Weinen! Helle, heiße Tränen aus tiefer Brust.«

Die ließ sie eine Weile folgen.

Endlich stockte der vorfestliche Tränenfluß. Sie fuhr sich trocknend über die geröteten Augen und schaute Rupi mit zusammengezogenen Brauen an. »Und dir geht es ganz ähnlich! Gib endlich einmal zu, was Weihnachten dir bedeutet! Sag es! Bitte! Rupie, Schatzimann! Gesteh es!«

Der zog unter dem wissenden Blick seiner kritischen Annaliese den Kopf ein. »Ja«, sagte Ruprecht dann und nickte, »ich gestehe. Für mich ist Weihnachten das Fest, an dem es den Wein beim Genuß besonders zu achten gilt und …«

17 i. e. natürlich nicht der Autor, sondern ein zufälliger Namensvetter oder -dünner

Das Störungsunterbindungszeichen des BRRR schwand. Eine Ansagerin tauchte auf und verkündete große Festtagsfernsehfreuden, die allem Zuschauervolke wiederholt werden würden.

»Was meinst du?« Ruprecht küßte seine kritische Annaliese[18] auf die Stirn. »Lassen wir's über uns kommen?«

»Hmm«, sagte die selig nickend.

18 Seine Frau heißt wirklich so!

Das Ende einer Legende

Zuvor geschilderter Eklat, ausgelöst durch die unhaltbaren Ausschweifungen von Eulinde Kitty-Marsmann, darf ebenso symptomatisch für die sogenannte Weihnacht und die damit verbundenen Begleiterscheinungen gewertet werden, wie der von ihr vorgetragene Unsinn an sich, der ja nichts weiter als die unerträgliche Wiederholung einer Legende ist. Was gleich ausführlich dargelegt sein soll.

So sehr die Arbeit des INFAW in mancherlei Hinsicht auch anzuerkennen ist, muß es den kritisch aufgeklärten Betrachter betroffen machen, daß eine selbsternannte Fachfestfrau wie Kitty-Marsmann Behauptungen aufrechterhält, die nicht nur wissenschaftlich unhaltbar sind, sondern nachweislich auf gezielter Fälschung basieren. Zu einem Zweck übrigens, dies vorweg, dem das nächste Kapitel gewidmet sein wird.

Die Fakten – und um solche handelt es sich hier ausschließlich – dürften mittlerweile einem großen, interessierten Publikum vertraut sein, nicht zuletzt durch eine Fülle von Veröffentlichungen, die akribisch auch das letzte Körnchen vermeintlichen Wahrheitsgehaltes faktisch zermalmt haben.

In diesem Zusammenhang sei als Beispiel auf die Fachpublikation »Theokomische Briefe« verwiesen, ein Magazin, dessen gerade in unserer heutigen, areligiösen Zeit überaus begrüßenswerte, ja notwendige Zielsetzung Glaubens- und Hoffnungsbeseitigung ist. Dies unter besonderer Berücksichtigung des Umstandes, daß gewisse, zahlenmäßig erstaunlicherweise nicht einmal kleine soziale Gruppen und Grüppchen – mit einer Naivität ausgestattet, die man selbst bei wohlwollender Betrachtung nur als total realitätsverweigernd und erschreckend anachronistisch bezeichnen kann – noch immer beispielsweise an die fleckenlose Verhütung glauben. Eine Überzeugung, in der sie gleichermaßen gewissenlose wie unbelehrbare Vertreter des pastoralen Berufsstandesaus kaum verhohlenen egoistischen Gründen bestärken.

Dabei werden, es bedarf noch einmal der Betonung, unumstößlich erwiesene Tatsachen ignoriert. Dies nicht unbedingt aus Unkenntnis, sondern weil eben nicht sein kann, was nicht sein darf!

Auf diese Widersprüchlichkeiten hatte der Theochonder Professor Bert Lüdefrau, Inhaber eines theoprofanen Leerstuhls, bereits vor geraumer Zeit nach eingehender Sichtung und Prüfung bis dahin unzugänglichen Materials aufmerksam gemacht.

Die durch seine jüngsten Forschungsarbeiten gewonnenen Erkenntnisse – auszugsweise in »Paranoia heute« einer breiten Öffentlichkeit zugänglich gemacht – sind so sensationell, daß sie für merkliche Unruhe in gewissen Kreisen gesorgt haben, denen aus verständlichen Gründen an der Unversehrtheit der letzten verbliebenen großen Krümel seit geraumer Zeit bröckelnder Macht liegt.

Seine Darlegungen gipfelten in der spektakulären Forderung »Das Credo abschaffen«! Sie gründet sich auf die bereits einleitend erwähnten Fälschungen bzw. die Enthüllung derselben als solche.

Es nimmt nicht Wunder, daß ihm dies einen öffentlichen Verweis des zuständigen Scherzbischofs einbrachte, was Lüdefrau aber gottlob nicht daran hinderte, die Übersetzung der ihm zugespielten Ranqum-Rollen einer interessierten Allgemeinheit zugänglich zu machen. Diese authentisch-autistischen Rollen enthalten die echten Texte des Neuen Testaments. Selbst der vorurteilsbehaftete Laie wird erahnen, was bereits aus dem Namen des Fundortes, »Ranqum« also, zu schließen ist. Eine völlig inhaltliche Umkehrung nämlich dessen, was in den inzwischen unstrittig als Fälschung erkannten »Quanrum«-Rollen steht.

So kommt der erschütternden Entdeckung Lüdefraus mit all ihren Konsequenzen mindestens die gleiche Bedeutung zu wie den Ergebnissen der Forschungen, die ein anverkannter Schweizer Amateurarchäologe unter dem bezeichnenden Titel »Waren die Götter Diabetiker?« vor Jahren einer verwirrten Welt vorlegte.

Als exklusiven Vorabdruck, der wohl keines weiteren Kommentars bedarf, finden Sie nachstehend

Die wahre Weihnachtsgeschichte

Es begab sich aber zu der Zeit, daß ein Gebot von Kaiser Konsumus ausging, daß alle Welt beschwatzt würde. Aber diese Beschwatzung war keineswegs die allererste und geschah zur Zeit als Creditus Statthalter in Irreligiosi war.

Und jeder ging, daß er sich beschwatzen ließe, ein jeder in seine Stadt.

Da machte sich auch Jupp auf aus Banalica, aus der Stadt Opulentia, in das Land zur Stadt Exuberantia, damit er sich beschwatzen ließe mit Maria, seinem vertrauten Weibe, die war schwanger.

Und als sie dort waren, kam die Zeit, daß sie gebären sollte.

Und sie gebar ihren ersten Sohn und wickelte ihn in wohligweiche, wundverhütende, ultrasaugfähige popofreundliche Windeln aus der preiswerten Großpackung und legte ihn in das eigens dazu vom Hotel bereitgestellte Kinderbett; denn sie hatten reichlich Raum in der Nobelherberge.

Und es waren Vertreter in derselben Gegend auf den Straßen bei den Kunden, die rechneten des Nachts beglückt ihre Provisionen aus und überlegten, wie sie noch mehr verdienen könnten.

Und ein cleverer Bengel trat zu ihnen, und die letzten Skrupel schwanden von ganz allein, und sie fürchteten sich nicht.

Und der Bengel sprach zu ihnen: Schön, daß ihr euch nicht fürchtet! Siehe, ich verkündige euch große Beute, die vom Volke zu holen sein wird;

denn euch ist heute der Heiland verloren.

Und das habt zum Zeichen: ihr werdet finden die Beute in Schaufenstern und Regalen liegend ...[1], auf daß ihr sie in bunte Papiere und Päckchen wickeln und unter einem »Baume deponieren könnt.

Und alsbald scharte sich um den Bengel eine große Menge, und die zerstreute sich, nachdem sie begriffen hatte und sprach: Konsum sei auf Erden und Maßlosigkeit und den Menschen ein Umtauschrecht.

Und als der clevere Bengel verschwunden war, sprachen

1 Aus Platzgründen müssen die restlichen, gut 50 Seiten umfassenden Auslassungen des Bengels, mit denen er weitere Tips gibt, entfallen!

die Vertreter untereinander: Laßt uns gehen und sehen, was daraus noch mehr zu machen ist.

Und sie kamen eilend und fanden, wie ihnen gesagt.

Als sie es aber gesehen hatten, breiteten sie das Wort, das zu ihnen gesagt war, ganz anders aus. Denn die Geschichte, wie sie geschehen war, wäre nun wirklich zu durchschaubar gewesen. Also drehten sie sie ins Gegenteil um. Und das zeitigte Folgen.«

Ohne den im nächsten Kapitel ausgebreiteten Fakten und den in Teil II dargelegten Folgerungen vorgreifen zu wollen: Die ganze Infamie des verfälschenden Umkehrungsprozesses der damaligen Ereignisse wird damit offenkundig. Hätte eine solche Begebenheit, nur soviel sei hier an dieser Stelle vermerkt, im Laufe von zwei Jahrtausenden das bewirken können, mit dem wir alljährlich konfrontiert werden? Gewiß nicht!

Aus diesem und keinem Grunde setzten und setzen (!!!) die Wissenden alles daran, zu verhindern, daß die Wahrheit bekannt wurde/wird. Sie setzen buchstäblich Himmel und Hölle, in raffiniert ausgewogenem Maße versteht sich, in Bewegung und alle denkbaren und undenkbaren Mittel ein, um ein Bekanntwerden unmöglich zu machen.

Bei allen zum Teil gegensätzlichen Interessen und trotz daraus zuweilen resultierender Konflikte scheuten die Eingeweihten der unterschiedlichen beteiligten Gruppierungen sich nicht, einander die Hände zu einer den Globus umspannenden Verschwörung zu reichen und diese (die Hände) festzuhalten – bis auf den heutigen Tag!

Daß diese, die Verschwörung also, nicht als solche erkannt wird und die Drahtzieher – oder treffender vielleicht die »Weihnachtsregisseure« –, wenngleich allgegenwärtig und bekannt und von Generation zu Generation geschickt

die Masken wechselnd, ihr niederträchtiges Spiel unbeschadet fortsetzen können, liegt daran, daß man Enthüllungen zu verhindern wußte und Kritiker nicht nur mundtot machte. Bisher jedenfalls.

Es geht also letztlich, mit anderen Worten, wahrhaftig ums Überleben, und keineswegs um die im Kontext gesehen lächerlich anmutende Frage, was Weihnachten ist[2]. Es geht einzig und allein um dies:

Können wir Weihnachten überleben oder wird Weihnachten uns überleben?

Um eine Lösung zu finden, handeln zu können, sollte dies überhaupt möglich sein, bedarf es des Verstehens der Funktionsweise der beherrschenden Institutionen, der Kenntnis der Mechanismen, derer sie sich bedienen, und des Wissens um das unheilvolle Zusammenspiel der global operierenden Verschwörermächte.

Dies hat das folgende Kapitel zum Inhalt.

2 Die ganze Raffinesse der Vorgehensweise der Verschwörer erahnt der aufmerksame Leser vielleicht durch nochmaliges Zwischen-den-Zeilen-Lesen der vorangegangenen Schilderung der TV-Diskussion!

Die miesen Methoden der Weihnachts-Mafia

Wo steht der Feind? Überall!

Wann schlägt er zu? Fortwährend – ja, nicht nur zur Weihnachtszeit!

Und wer ist er? Der Feind hat viele Namen. Ob Klerus oder Politik, die vielfältigen Zweige der Industrie, welcher Branche auch immer, Medienkonzerne jedweder Art, internationale wie nationale Groß-, Mittel- und Kleinfinanz, Regierungen, Parteien, Organisationen und Verbände. Wen nimmt es da Wunder, daß selbst die im hippokratischen Meineid verpflichtete Ärzteschaft keine Ausnahme bildet?

Das ist die Weihnachts-Mafia, die im Vergleich zu der Vorgehensweise und Effektivität ähnlich strukturierter Organisationen wie CIA, chinesischer Triaden und mehr oder weniger bekannter verbrecherischer Geheimgesellschaften allenfalls wie Auftritt und Erfolg einer drittklassigen Laienspielschar anmuten.

Ihr Geheimnis ist einfach dies: ***Das organisierte Versprechen!***

Es bedarf weder einer akademischen Halb- oder Vollverbildung, geschweige denn irgendeines anderen Abschlusses, um die Enormität dieses Geheimnisses zu erfassen.

Wenden wir uns zunächst der »Quelle« zu, mit der alles

anfing, nämlich der »Bibel«. Wörtlich heißt es doch in der bereits zitierten und mittlerweile als Fälschung entlarvten, bewußt verniedlichenden »Weihnachtsgeschichte« am Ende: »Friede auf Erden und den Menschen ein Wohlgefallen!«

O ja – eine erstaunliche Menge gefällt dem Menschen wohl, wenn man es ihm nur lange genug einhämmert.

Die »Quelle«, Grundlage des »Versprechens«, ist in zigmillionenfacher Auflage und allen Sprachen weltweit verbreitet, und das Versprechen an sich wird Jahr um Jahr schamlos rund um den Globus in eigens dafür errichteten Prunkbauten wiederholt und proportional in dem Maße, wie das Versprochene in immer weitere Ferne rückt, heftiger eingepeitscht.

Nicht genug damit: Ebenso weltweit finden sich zur »Weihnacht« in den meisten der genannten Bauten von Künstlerhand oder naiv (natürlich schließt das eine das andere nicht aus) gefertigte Szenen und Dioramen – wohlüberlegt »Krippe« genannt –, eigens dazu geschaffen, Sentimentalitäten, mithin Rührung, Ergriffenheit und Tränenfluß, zu bewirken.

Perfide und bildhaft die Illusion eines hilflosen, tatsächlich in einer Krippe liegenden Kindes genährt und der Betrachter glauben gemacht, so sei es gewesen! Die Darstellung des in der »Weihnachtsgeschichte« genannten Paares in diesem ärmlichen Ambiente, das jeder Realität spottet, ist Beweis für die menschenverachtende Infamie der hierfür Verantwortlichen.

Doch das ist keineswegs alles. Wer sich einmal, selbst wenn nur oberflächlich, mit Symbolen, den ihnen innewohnenden Aussagen und den Archetypen beschäftigt hat, wie der große Psychologe Jung sie darlegte, und ergänzend dazu ein paar Vorlesungen über Werbepsychologie ertragen hat, wird voller Abscheu die Ungeheuerlichkeit begreifen, die in dem ganz selbstverständlich anmutenden Vorhandensein eines Rindes (als »Ochse« verniedlicht!) in der Krippe verborgen zum Ausdruck kommt. Eßt mehr Rindfleisch! Und dies in einer Zeit wütenden Rinderwahnsinns.

Der eine oder andere Leser mag einwerfen: »Das verstehe ich ja, nur, welche Symbolik wohnt dem Esel inne? Darin steckt doch ein Denkfehler!«

Im Gegenteil, liebe Einwerfer. Die Präsenz des Esels ist gerade der an Skrupellosigkeit kaum mehr zu überbietende symbolische Höhepunkt oder, umgekehrt, der erschütternde moralische Tiefpunkt dieser Inszenierung. Der Esel steht unwiderlegbar für nichts anderes als für den jeweiligen Betrachter. Was im Klartext heißt: »Und einen Dummen, der all das glaubt, haben wir auch gefunden!«

Ich frage Sie: Wer mag damit wohl gemeint sein?

Bestürzend ist, daß niemand das doch in diesen wenigen Beispielen bereits Offenkundige zu sehen gewillt ist. Die Fakten sprechen für sich, zumal in einer sehr deutlichen Sprache. Worin besteht aber das Weihnachtskomplott von Kirche generell und Klerus offiziell mit den anderen Institutionen, Verbänden, Parteien und so weiter?

Es leuchtet wohl ein, daß der Verbreitung der Legende das Übersetzen und Setzen, Drucken, Beschneiden, die buchbinderische Verarbeitung und dergleichen mehr vorangehen müssen. Willfährige Handlanger für die Verrichtung dieser Tätigkeiten, die in summa zwangsläufig zu dem fragwürdigen Fertigprodukt führen, finden sich zuhauf in Industriebetrieben, die – wie könnte es anders sein? – natürlich zu der weltumspannenden Weihnachts-Mafia gehören.

All diese Tätigkeiten, ausgeführt unter dem scheinheilig

frommen Vorwand der Verbreitung des (gefälschten!!!) Wortes, mithin des Versprechens, dienen so ganz nebenher selbstverständlich auch dem Verdienen.

Es würde zu weit führen, alle beteiligten Industriezweige aufzulisten (faktisch sind es alle!), weshalb hier die Nennung von Setzereien, Druckereien, Buchbindereien und Reproanstalten genügen mag.

Diese stellen aber nur die Spitze des Eisberges dar! Das Netzwerk der Weihnachts-Mafia ist so raffiniert kunstvoll verflochten, daß einem bei bloßer Verfolgung nur eines Netzfädchens nichts weiter als hilfloses Entsetzen bleibt.

Wieso? Es liegt auf der Hand, daß die Druckereien zur Herstellung des »Quellenwerkes«, wie wir es einmal vorsichtig nennen wollen, Maschinen brauchen, welche wiederum von einer darauf spezialisierten anderen Branche hergestellt werden. Es ist die Druckmaschinenindustrie.

Bemerken Sie die unheilvolle Verknüpfung zwischen Kirche, Druckindustrie und Druckmaschinenindustrie?

Doch wir sind noch längst nicht am Ende des Fädchens angelangt, denn natürlich braucht die Druckmaschinenindustrie ihrerseits wieder andere Industrien, die ihr zuliefern, etwa, wahllos herausgegriffen, Hersteller von Gummitüchern, Schrauben, Muttern, Walzen, Schaltern, Hebeln und dergleichen mehr.

Auch diese Industrien haben ihre Lieferanten, die ihrerseits wiederum andere haben und so weiter und so fort. Um den Leser nicht zu überfordern, sei abschließend nur darauf verwiesen, daß folglich die Multis (eben global operierende Konzerne) an dem Komplett genauso beteiligt sind wie etwa der Bergbau oder Land- und Waldwirte, die bereitwillig die notwendigen Rohstoffe für die Erzeugung von Energie oder der Herstellung von Papier liefern.

Ein alptraumhaftes Szenario, in der Tat! Aber bedauerli-

100
DM

cherweise keine Fiktion, dem Hirn eines einfaltslosen Thrillerautors entsprungen, sondern knallhartes Faktum.

Wenn Ihnen an dieser Stelle ein eisiger Schauer des Grauens über den Rücken läuft und sich Ansätze langsam beginnenden Wahnsinns bemerkbar machen, ist dies kein Anlaß, einen Arzt aufzusuchen, sondern vielmehr Beweis dafür, daß Sie die grundsätzliche Funktionsweise des Systems begriffen haben.

Wenden wir uns weiteren Facetten des organisierten Versprechens zu, mit denen wir Tag um Tag manipuliert werden, ohne es zu merken. Wobei nachdrücklich wiederholt werden muß, daß die Weihnachts-Mafia das ganze Jahr über pausen-, ruh- und rastlos ihr Werk betreibt.

Wem ist wohl je der Gedanke gekommen, einen ursächlichen Zusammenhang zwischen, sagen wir, dem Kauf einer neuen Waschmaschine und Weihnachtsgeld zu sehen? (Das soll keine Anspielung auf Geldwäscherei sein.) Jede andere größere Anschaffung, wie die einer Hi-Fi-Anlage, einer Wohnzimmereinrichtung, eines Autos oder einer Jacht, wäre ebensogut als Beispiel geeignet.

Gäbe es das organisierte Versprechen der Weihnachts-Mafia nicht, würde sich niemand, der über halbwegs gesunden Menschenverstand verfügt, dazu hinreißen lassen, eine Anschaffung zu tätigen, die seine Mittel bei weitem überschreitet (von der Notwendigkeit der jeweiligen Anschaffung einmal ganz abgesehen), die er sich im Prinzip nicht leisten kann.

Das organisierte Versprechen bringt ihn wider alle bessere Vernunft dazu, zu tun, was er lassen sollte. Und dies, weil die Mafia das Versprechen von »Weihnachtsgeld« gegeben hat. Der Unglückselige entschließt sich zum Kühlschrankkauf in Erwartung des letzteren ohne zu erkennen, in welch fatale Abhängigkeit er sich damit begibt und was die eigentliche Intention ist. Nichts weiter nämlich, als den Absatz von Kühlschränken in einer jahreszeitlich temperaturbedingten rezessiven Kühlschrankverkaufszeit zu forcieren. Denn wer, bitte schön, braucht bei 20° Innentemperatur ein solches Gerät?

Gewiß, die Mafia gibt nicht nur das Versprechen, sondern löst es – wenngleich widerstrebend – am Ende auch ein. Nur: Was hat der Empfänger dann noch davon? Die Frage mögen Sie sich bitte selbst beantworten.

Raffiniert verschleiert ist das infame Zusammenspiel von Medien und Politik, wobei erstere sich bereitwillig zum Büttel letzterer machen. Welcher gutgläubige Mensch würde auch hinter einer Meldung Arg vermuten, mit der versprochen wird: »Finanzminister verkündet den Weihnachtsfrieden« oder »Einmal keine Angst vor dem Finanzamt – Behörden und Politiker verkünden Weihnachtsfrieden«?

Hierbei handelt es sich indes um eine der übelsten Irreführungen überhaupt, entsteht doch der Eindruck, als gäbe es ein wahrhaft himmlisches Weihnachtsgeschenk, nämlich das des Steuererlasses.

Weit gefehlt. Denn die Weihnachts-Mafia hat nicht von ungefähr als Wahlspruch das Motto: »Abgerechnet wird zum Schluß, und jeder bekommt seine Quittung!«

Wann das sein wird, bleibt allerdings offen, da es sich beim Fest um eine wahrhaft unendliche Geschichte handelt, die stete Fortsetzung findet.

Die Abfolge, die mit dem Dargelegten deutlich gemacht werden sollte, läßt sich komprimiert mit den sogenannten ***Drei großen G*** ausdrücken. Das bedeutet in Langform einfach:

Girokonto überziehen
Geschenke für Gabentisch kaufen
Gerichtsvollzieher erwarten

Nun ja, irgendwomit muß man ja anfangen

Der ganz normale Weihnachtswahnsinn

Es ist müßig, eine zutiefst deprimierende Situation in allen Details zu schildern, die jeder kennt oder, schlimmer noch, in der sich jeder befindet oder befunden hat.

Unzählige überfüllte Kliniken und geschlossene Anstalten unmittelbar nach den sogenannten Fest- und Feiertagen sind die Folgen dieses Wahnsinns, der – nicht nur – dort seine Fortsetzung findet. Natürlich von der Weihnachts-Mafia wohlüberlegt ins Kalkül gezogen. Sie erinnern sich an den Hinweis auf die Ärzte? Gut.

Was aber sind die Ursachen für diese scheint's nicht ausrottbare Volkskrankheit, die trotz ständiger einzelner Mahnungen und Warnungen epidemisiert und so das treffend als organisiertes Versprechen bezeichnete ungeheuerliche Komplott greifen, unangefochten wirksam werden läßt?

Als möglicher Auslöser ist gewiß der Genuß von zuviel Rindfleisch in Betracht zu ziehen, wobei allerdings zugestanden werden muß, daß der Verbrauch deutlich spürbar (bei Metzgern und Lebensmittelhändlern zumindest) zurückgegangen ist. Erstaunlich um so mehr, daß der Wahnsinn dennoch bleibt.

Die Ursachenforscher, wenn sie denn die Freiheit der Wissenschaft noch ernst nehmen, haben Andeutungen in gewisse Richtungen gemacht, ohne indes konkret zu werden.

Ein Stich- und Reizwort, das mehrfach auf Fachtagungen fiel, die aus verständlichen Gründen unter Ausschluß der Öffentlichkeit stattfanden, war EBS. Dieses geheimnisvolle Kürzel bedeutet nichts anderes als *E*ndlich *B*eglückt *S*ein. Woraus nicht voreilig geschlossen werden sollte, daß unter Beglückung nicht ausschließlich Beschenken zu verstehen ist, wiewohl auch dies eine Rolle spielt, wie wir später noch erfahren werden.

Der Psychologe Dr. Noah Gernweiß wies während eines Vortrages über Paranoia – was ja nichts anderes bezeichnen will, als daß als Folge der Verknüpfung einzelner Vorstellungen ein ganzes Wahnsystem entstehen kann und hier tatsächlich entstanden ist – auf das selten in Erscheinung tretende Phänomen der entfesselten Marktwirtschaft hin.

Ohne das Kind beim Namen zu nennen, führte er als Beweis für die Möglichkeit der Richtigkeit einer sorgsam verschlüsselten Erkenntnis auf, daß bei den beobachteten Fällen Geistes- und Gemütsstörungen, Verwirrtheitszustände, sinnlos erscheinende Handlungen, Wahneinfälle, Sinnestäuschungen und Trugwahrnehmungen aufgetreten seien.

Dieser Zusammenhang erschien dem Auditorium denn doch zu überzogen und gefährlich, weshalb man sich nicht nur vorsichtshalber von Dr. Gernweiß' Meinung distanzierte, sondern ihn auch aus der Ärzteschaft fristlos ausschloß.

Das gleiche Schicksal ereilte den Psychiater Dr. Hesekiel Meinrat, der in einem Anfall von Selbstverleugnung dem bezeichnenderweise früher gewerkschaftseigenen Filialunternehmen »Konsum«, heute bekannt als »KOOS«[1], den

1 Konsumier Ordentlich Oder Stirb

Vorwurf machte, Mitschuld an der Verbreitung der Krankheit zu tragen.

Dagegen verwahrten sich interessanterweise die Gescholtenen mit dem Verweis darauf, daß schwindende Mitgliederzahlen ja genau das Gegenteil belegten, der Wahnsinn also rückläufig sei. Auf einen Kommentar wollen wir hier aus Gründen des Selbstschutzes verzichten.

Eine Stellungnahme oder Meinungsäußerung zu dem Problem seitens der Hersteller biologischer und chemischer Waffen war aus unverständlichen Gründen nicht zu bekommen, was Anlaß zu weiterem Nachdenken geben muß.

Nach dem heutigen Stand von Wissenschaft und Gentechnik wäre nämlich die Züchtung eines Weihnachtswahnsinnsvirus durchaus möglich. Hier sei auf die Gentomate verwiesen, die der eine oder andere inzwischen vielleicht schon einmal unwissentlich verzehrt haben mag, mehr noch aber auf die Genitalien, denen weite Schichten der Bevölkerung seit geraumer Zeit ausgesetzt sind.

Dank oder Undank der weltweiten, faszinierenden Fortschritte der Raumfahrt wäre die globale Verbreitung eines solchen Virus jederzeit möglich – etwa durch Versprühen aus einem Satelliten oder einer Raumfähre nach Wiedereintritt in die Erdatmosphäre vorm Verglühen.

Der Effektivität gekonnter psychologischer Kriegsführung, dies nicht zuletzt, sind sich die wenigsten Menschen bewußt. Durch Einwurf von Flugblättern in feindliche Briefkästen, die Veröffentlichung von Inseraten mit Sonderangeboten, um den Gegner zu demoralisieren und zum Ausgeben bereits ausgegebenen Weihnachtsgeldes (ecce!) bzw. zum Aufnehmen von Darlehen zu zwingen, eindringliche Rundfunk- und Fernsehansprachen wohlmeinender Mitmenschen und dergleichen mehr, ist schon mancher Scheinkrieg der Neuzeit gewonnen worden.

Ließe sich auf solchem Wege nicht auch ein Virus verbreiten, und wenn nicht dies, so damit doch die Verkürzung, Verlängerung oder wahlweise völlige Aufhebung der Inkubationszeit bewirken?

Wir alle haben gelernt, daß nichts unmöglich ist. Warum sollte es gerade hier eine Ausnahme geben?

Rein oberflächlich betrachtet scheint lächerlich, was Professor Dr. Konrad Erbrech-Michimmer, leidender Mitarbeiter eines Instituts für Lebensmittelchemie, einmal im Kollegenkreis äußerte, nachdem die Leichen der Testkotzer von Weihnachtsgebäck eines verführenden Herstellers im hauseigenen Krematorium entsorgt worden waren und man zum entgiftenden Teil des Tages überging: »Nuts[2] hat's.«

Und doch könnte dies ein indirekter Hinweis darauf sein, daß in Süßigkeiten aller angebotenen Art, zwar nicht der Virus selbst, aber immerhin weihnachtswahnsinnverstärkende Substanzen enthalten sind. Beispielsweise in Spekulatius, Rumkugeln oder Lebkuchen.

Fassen wir zusammen: Daß der Wahnsinn nicht nur vorhanden ist, sondern gar existiert, steht außer Frage. Die Fakten sprechen eine deutliche Sprache.

Nicht von ungefähr fand dieses Kapitel seinen Abschluß mit Ungenießbarem. Von weiterem soll im folgenden Abschnitt die Rede sein.

2 Für diejenigen, die weiter reinbeißen, die vielleicht restverstandrettende Aufklärung: »to be nuts« heißt noch immer »verrückt sein«.

Zur Festtags-Freßkultur

Auf schier schamlose Weise versuchte die SZ[1], sich vorsorglich für die in ihr enthaltenen Festtags-Sonderangebote zu rehabilitieren, indem sie in ihrer Jugendbeilage den Hinweis brachte: »Der Bundesgesundheitsminister warnt: Weihnachten schadet Ihrer Gesundheit!«

Mag sein, doch was das große Festfressen tatsächlich bewirkt und welche verheerenden, wohleingeplanten Folgen es für unseren Globus, mithin für unsere Umwelt hat, das wurde wohlweislich verschwiegen. Chefredaktion und Verlag dieses kariesfördernden Blattes werden, da eingebunden in das Verschwörernetz, wissen warum.

Nein, es geht wahrhaftig nicht um ein paar Kalorien oder, um maßeinheitsaktuell zu sein, Kilojoule mehr oder weniger. Daß Dummheit frißt, weiß der Volksmund seit langem.

Worum geht es dann?

Es geht um Artenschutz, Klimakatastrophe einschließlich Vergrößerung des Ozonlochs, unaufhaltsamen Anstieg

1 Süßdeutsche Zeitung

des Meerwasserspiegels, aber auch um die gezielte Gefährdung und Vernichtung von Arbeitsplätzen, Zerstörung des Schwankortes Deutschland und dergleichen mehr.

Die Fakten sprechen seit geraumer Zeit für sich. Bedauerlicherweise stets zum Monolog verurteilt, weil man sie nicht zu Worte kommen ließ ... bisher.

»Weihnachtsgans!« ruft der erste Fakt laut, die gebotene Gelegenheit sofort nutzend.

Das implizite Problem ist hier zum Glück – noch – nicht die Artenvernichtung. Weihnachtsgänse, diese Anmerkung sei erlaubt, sind so dämlich, daß man sie einfach zum Fressen gern haben muß, und pflanzen sich gar, unbeeindruckt von allen Vernichtungsmaßnahmen, überproportional fort. Was bedeutet: Kein Mensch kann derart schnell fressen (ein anderes Wort träfe daneben), wie die Populationen sich vermehren.

So gesehen stellt die Weihnachtgans auch unter dem Gesichtspunkt Überbevölkerung eine Bedrohung der Umwelt und der globalen Balance dar.

Vor allem aber ist sie bzw. ihr Verzehr mitverantwortlich für die unaufhaltsame Vergrößerung des Ozonlochs. Das ist auf die durch ihren Fettgehalt ausgelösten Ausdünstungen und extrem CO^2-haltigen Gase zurückzuführen, die im Laufe des Weihnachtsfestes weltweit ausströmen und buchstäblich zum Himmel stinken.

Bei klarem Firmament kann jeder Weihnachtsgansesser, wenn er denn will, sich mit einem Blick dorthin davon überzeugen, welchen Frevels er sich schuldig gemacht hat, vergrößert sich doch das Ozonloch, mit einem extrem starken Telemikroskop deutlich sichtbar, bei jedem weihnachtsgansfettbedingten Furz um Millionstel von Mikromy!

Trotz Weihnachtswahnsinn ist man in manchen Gegenden unseres schönen Landes, vornehmlich im Süden, traditionell erstaunlicherweise vernünftig genug – vielleicht hat es auch mit Instinkt zu tun –, maßvoll zu sein. Doch wie sich zeigt, ist dies nicht mehr denn schöner Schein und eitles Blendwerk.

Die Weihnachtshalbe, dort ebenfalls traditionell zur Weihnachtsgans in Unmaßen genossen, trägt vielmehr zu einer zusätzlichen Belastung und damit einer Beschleunigung der Katastrophe bei. Eigentlich überflüssig anzumerken, was die sich zu Abermillionen von Hektolitern summierenden Halben bewirkt haben und weiter bewirken.

Dennoch sei es gesagt: Der Meeresspiegel steigt und steigt unaufhörlich! Wer da vermutet, es sei nur eine Frage der Zeit, wann das Maß voll und die letzte Maß leer ist, hat das Problem richtig erkannt.

Eine Gruppe von Landwirten, die das Weihnachtsgansproblem vor geraumer Zeit erkannte, versuchte, etwas dagegen zu unternehmen. Nicht jedoch aus Verantwortungsgefühl, wie man zu vermuten und hoffen wohl allzugern bereit wäre! Nein! Aus schnödem Profitstreben und die mehrfach erwähnten Versprechen im Hinterhaupt, begann diese Schmarotzerlobby – die Beschimpfung sei verziehen! – vor Jahrzehnten mit der Zucht, Haltung und dem Verkauf von Truthähnen in großen Mengen.

Abgesehen von der dadurch ausgelösten unerträglichen Lärmbelästigung brachte das Unterfangen nicht den gewünschten Erfolg, sondern bewirkte im Gegenteil eine Zunahme des Verbrauchs von Weihnachtsgänsen.

Es hieße, sich zu früh gefreut, sich buchstäblich ins Fäustchen gemacht zu haben, glaubte man, der Fehlschlag hätte Einsicht bei den Betroffenen ausgelöst, und wäre zudem ein trauriges Eingeständnis von Unwissenheit.

Ein Nachdenkens- und Umdenkprozeß, ja, dies sei zugestanden, setzte ein, der aber zur Folge hatte, daß man den

Fehler, der gemacht worden war, erkannte. Und so wurden flugs die aufgrund eines im Büro der zentralen Marketinggesellschaft der deutschen Landwirte gemachten Tippfehlers versehentlich bestellten Tuthähne gegen Truthähne umgetauscht.

Was deren Massenhaltung für Konsequenzen haben würde, vermochten nicht einmal die wenigen noch verbliebenen Skeptiker in ihren düstersten Schwarzmalereien vorauszusehen.

Durch den üblichen lauten Futterruf »Komm Puter!« wurde nämlich – ob Absicht oder nicht sei dahingestellt – eine bis heute anhaltende Massenflucht von Computern aus Läden, Lagern und Fabriken ausgelöst, was wiederum drei der eingangs erwähnten Folgen nach sich zog – und zieht: a) Gefährdung und b) Vernichtung von Arbeitsplätzen sowie c) Zerstörung des Schwankortes Deutschland.

Die vierte, bisher unerwähnte Folge, paßt den Verschwörern voll ins Konzept. Durch die so herbeigeführte Verknappung der Computer nämlich können deren Preise jeweils rechtzeitig zum Weihnachtsfest radikal angehoben werden. Was fanatisch Kaufwillige natürlich nicht von deren Erwerb abhält, sondern sie vielmehr in Erwartung noch größerer Lieferengpässe in die Läden treibt.

Ein Schelm, wer dabei noch an Zufall glaubt!

Wer da meint, einen Widerspruch zu erkennen, irrt. Einsehbar ist doch wohl, daß für den Verkauf von weniger Ware weniger Personal erforderlich ist. Und wozu Lageristen für ein Lager, das man nicht halten kann?

Dies sind nur einige Folgen der Festtags-Freßkultur, die nirgendwo in den Medien Beachtung finden. Weiteres Indiz dafür, welche Methode hinter dem Wahnsinn steckt.

Bliebe, um auf das Fressen zurückzukommen und einen weiteren dramatischen Aspekt aufzuzeigen, der obligatori-

SUPEP
PERSONDER
99.-

sche Weihnachtsbraten derer, die sich eine Gans als solche nicht leisten können oder wollen. Letzteres in der irrigen Annahme, sie trügen durch Weihnachtsgansverzicht ihr Scherflein zur Sicherung der Zukunft bei. (Ohne dem dritten Teil vorgreifen zu wollen: Würde denn Weihnachtsganzverzicht geübt, bestünde noch ein Quentchen Hoffnung. Aber so ...)

Das Wort »Weihnachtsbraten« klingt für den unvoreingenommenen und naiven Esser und seine Mitesser herrlich unverbindlich. Umwelt- und Naturschützer nutzen es augenzwinkernd als Bezeichnung für einen unverfänglich wirkenden Sojaroll- oder Seetangspießbraten, in dem sich tatsächlich aber, verborgen unter allerlei unästhetischen Gemüse-, Gras- und Keimsorten, deftig Fleischiges befindet.

Die doppelte Moral letzterer und die Naivität ersterer ist gleichermaßen unverständlich wie unglaublich und empörend.

Dies kann nur verstehen, wer einmal unter Einsatz seines Lebens einer Aktion beigewohnt hat, die unter dem Motto »Rettet die Wale!« steht. Andere könnten das aber auch verstehen, wenn sie endlich zur Kenntnis nähmen, daß die unfreiwilligen Lieferanten für den Weihnachtsbraten fast immer eben jene gewaltigen und schönen Tiere sind, welche majestätisch die ehemals blauen Meere durchfurchen, nämlich die Bratenwale.

Zwar hat es weltweit gültige Abkommen zu deren Schutz gegeben, doch die entpuppen sich als Fassade, leere Schale, Worthülsen oder wie man es sonst nennen mag. Denn da der Bedarf an Weihnachtsbraten in den erforderlichen Mengen durch Schlachtung von Landsäugern nicht gedeckt werden kann (zum Teil aus Gründen, die an anderer Stelle angesprochen wurden, zum Teil aus Gründen, die anzusprechen der Anstand verbietet – es ist wirklich eine Sauerei, wenn Sie verstehen, was ich meine!), geht die unbarmherzige Jagd auf den Bratenwal weiter. Ein sinnloses Morden, durch das der Teufelskreis geschlossen wird. Wobei zu ergänzen ist, daß die natürliche Zusammensetzung des Bratenwalfischfleisches während des Verdauungsprozesses eine Furzanfettung und somit Ozonlochvergrößerung bewirkt, gegen welche die Auswirkungen des Verzehrs einer Weihnachtsgans oder Pute harmlos wirken.

Niemand, auch Sie, lieber Leser, möge sich später einmal damit herausreden, von all dem habe er nichts gewußt! Wer auch nur den Funken von Verstand und Kombinationsvermögen besitzt, wird doch stutzig werden müssen, wenn er liest, daß man eine bedrohte Tierart noch immer ganz infam als Pottwal bezeichnet. Die Kessel warten schon!

Ein notwendiger Nachtrag zum letzten Absatz sei gestattet, obzwar er nur indirekt zu diesem Faktenkomplex gehört und einem anderen Kapitel zugeordnet werden könnte. Aber es geht auch hierbei um Wale. Genauer um die Gattung der Bratenbartenwale.

Sie werden aus einem zweiten, nicht minder schändlichen Grunde gejagt, nämlich ihrer Barten wegen, die beim vorgeblich »schönsten Fest des Jahres« als sinnlose Geschenke unterm Weihnachstbaum vermodern oder aber – allerdings nur in Norddeutschland – die Südwester von nerztragenden Friesen zieren.

Diese Unsitte, ihrerseits keineswegs ein Plagiat, sondern stammestypisches Gegenstück des in Bayern getragenen Gamsbartes, findet zunehmend Nachahmer unter Touristen, die sich nicht entblöden, auf diese Weise ihre Seeverbundenheit zum Ausdruck bringen zu wollen.

Vergessen wird bei all dem eines: Die durch Herausziehen der erlegten Braten-, Bratenbarten- und Pottwale im Wasser entstehenden Löcher füllen sich zwar nach kurzer Zeit wieder und verleiten den ökologischen Normalverzichter zu dem trügerischen Schluß, das Meeresniveau könne infolge physikalischer Gesetzmäßigkeiten gar nicht steigen. Doch in dem Maße, wie Happen um Happen von Weihnachtsbraten aus Bratenwalen den Weg alles Verdaulichen gehen, wächst das Ozonloch, weicht der atmosphärische Druck und läßt den Meeresspiegel anschwellen.

Vergessen scheint tatsächlich, was unsere Ururahnen schon wußten: Steter Furz hebt das Wasser!

Und dies alles aus Gedankenlosigkeit, um eines fragwürdigen Weihnachtsfestes willen.

Das große Christbaumsterben

Ursachen und Hintergründe

Als beredtes Zeugnis für weihnachtlich inflationär wuchernde und praktizierte Infamie muß im Zusammenhang wohl das Lied »O Tannenbaum« an den Anfang gesetzt werden.

Nur absolute Ignoranten werden den darin unverhohlen artikulierten Zynismus, die bis zur Perversion übersteigerte Verlogenheit, den verkündeten Floralsadomasochismus verbunden mit an Schizophrenie grenzenden, ausgeprägten Floralfetischismus leugnen wollen. (Ist es nicht merkwürdig, daß diese uns in der vorliegenden Faktensammlung immer wieder begegnet?)

Was wüßte Sigmund Freud, von Freude erfüllt, mit den Interpretatoren – den hingebungsvoll singenden Frauen und Männern also – der nachstehend zitierten Zeilen nicht alles anzufangen?

»O Tannenbaum, wie grün sind deine Blätter! Du grünst nicht nur zur Sommerzeit, nein auch im Winter, wenn es schneit«, heißt es da in der ersten Strophe.

Was ist gemeint?

Aus dem ersten aufmerksamen Lesen möchte man auf ein An- oder Besingen des Grüns schließen, nach dem es zu irgendeinem Zeitpunkt im Laufe seines Lebens wohl jeden

Menschen verlangt, gleichsam auf eine Verehrung des Sinnbildes von Leben, trotz winterlich erstarrter Zeit.

Bei genauerem Lesen indes tun sich Abgründe grauenhafter Deutungen auf, die nicht nur theoretisch möglich sind, sondern auch rücksichtslos praktiziert werden, wie das Weihnachtsfest beweist.

Ist Grün doch auch die Farbe des Tarnens, Täuschens und Versteckens, die des Kampfes also. Denn wer anders als Kämpfer – das Wort Soldaten sei bewußt vermieden – müßten tarnen, täuschen und verstecken?

Oder Grün als Farbe des Neides! Wie paßt das anders zum Fest der Freude, als daß Neid wegen unterschiedlich wertiger Geschenke geschürt und forciert werden soll?

Das lockende Bild des verschneiten Winters ist letztlich als geradezu unerhörter Appell an Psychrophile zur Ausübung ihrer sexuellen Verirrung zu verstehen.

In der zweiten Strophe finden die fragwürdigen perversen Liebeserklärungen ihre Fortsetzung, offener als zuvor, ja, geradezu Orgasmen beschwörend, herbeisehnend. Kommt doch nach dem noch unverbindlich-neutral klingenden »Du kannst mir sehr gefallen« die ganz direkt und vulgär formulierte Erinnerung, der etwas Beschwörendes innezuwohnen scheint »Wie oft hat doch … ein Baum von dir mich hoch erfreut.« Und als Weihnachtsbaumlock- und Balzruf folgt dann nochmals dieses Unerhörte »Du kannst mir sehr gefallen!«

Wie schrecklich!

Mit Rücksicht auf minderjährige Leserinnen und Leser möchte ich auf naheliegende Auslegungen verzichten.

Wenden wir uns schließlich der dritten Strophe zu, die mit der einleitenden Feststellung »dein Kleid kann mich was lehren« den Arglosen an das Märchen von »Des Kaisers neue Kleider« gemahnen und ihn zu einem verständigen Nicken bewegen mag.

Die ganze Tücke, Hemmungslosigkeit und Lustgier indes, die in diesen Zeilen steckt, deutet sich in dem – von Uneingeweihten natürlich übersehenen – Doppelpunkt (:) an. Und dann wird mit Brachialgewalt das Unvermeidliche, die ersehnte Erfüllung zum Ausdruck gebracht, in jenen Zeilen, die der unverbildete, naive Weihnachtsgläubige als eine neuerliche Manifestation der (wie wir inzwischen wissen gefälschten) Weihnachtsgeschichte begreift, wenn er denn überhaupt bereit ist, sich mit dem Text zu befassen. »Die Hoffnung und Beständigkeit gibt Trost und Kraft zu jeder Zeit.«

Packt den Wissenden nicht grenzenloser Ekel bei dem bloßen Versuch einer Interpretation?

Es nimmt nach diesen Ausführungen wohl nicht wunder, daß es die in diesem Text vermittelten widerlichen Botschaften sind, die wir in summa rein faktisch als Hauptursache für das große Christbaumsterben zu betrachten haben.

Aber selbstverständlich spielen weitere Faktoren, wiewohl ungleich kleinere, Rollen, die beispielsweise in der Dedomestizierung zu suchen sind.

Außer Frage steht, daß der Christbaum ein Entwurzelter ist. Er löst sich nicht freiwillig aus dem Boden, dem er freudig entsproß, muß vielmehr seine vertraute Umgebung durch Druck von außen aufgeben.

An dieser Stelle wäre eine Auslassung über die Hackordnung vonnöten, die aus Platzgründen aber unterbleiben muß. Dennoch sei eines kurz angemerkt: Es ist zutiefst beschämend, daß die gewaltsam herbeigeführte Entfernung aus angestammtem Gebiet von den Schergen auch noch mit Hacker-Bräu[1] gefeiert wird!

Bleibt die traurige Pflicht des Berichterstatters, darzulegen, wie es überhaupt zum Christbaum und in Folge dessen zu seinem großen Sterben kam.

Wie so manche Katastrophe in der deutschen Weltgeschichte, ist auch der Christbaum auf einen angelsächsischen Brauch und einen Übersetzungsfehler aus dem englischsprachigen Raum zurückzuführen, was weder Vorwurf, noch Entschuldigung sein soll, darf, will und kann.

Ein Duke, dessen Name zum Glück der Vergessenheit anheimgefallen ist, bestand bei einem Besuch seiner Vettern in Hannover, den er in Begleitung seines geliebten Yorkshireterriers Woody machte, auf dem Aufstellen eines »Mytree«. Das bedeutet nichts weiter als »mein Baum«.

Ebenso unbekannt wie der Grund seines Begehrens, das seine Vettern natürlich zwecks Erhalt und Vertiefung bilateraler verwandtschaftlicher Beziehungen zu erfüllen trachteten, war ihnen die eigentliche Bedeutung.

Durch Verballhornung wurde im Laufe der frühen Jahrhunderte des zweiten Jahrtausends (nach neuerer, relativ gefälschter Zeitrechnung) aus »Mytree« zunächst der »Maibaum«. Im 19. Jahrhundert kam dann wieder ein Ururenkel des Duke unbekannten Namens zu Besuch nach Hannover. In seiner Begleitung war Christ, der Urururenkel von Woody, dem erwähnten Yorkshireterrier.

Da die Hannoveraner inzwischen etwas aufgeklärter zu sein glaubten, stellten sie Christ zu Ehren einen »Mytree« auf, den sie aus diplomatisch verständlichen Gründen als »Christbaum« bezeichneten.

So und nicht anders nahm das unerbittliche Schicksal historisch belegt seinen Lauf.

Es war zugleich richtungsweisend für jene Epoche, deren Nachwirkungen im nächsten Kapitel dargelegt werden.

---

1 Speziell für Bayern der Hinweis: Es handelt sich um ein speziell zum Christbaumschlagen gebrautes Bier mit hohem Harzgehalt.

Der letzte Weihnachtsbaum

Albert Knofi schwenkte den großen Reisigbesen mit Macht, um die überall verstreut liegenden Nadeln, Zweige, Spitzen, Aststücke, Holzsplitter und Kunststoffnetzreste zusammenzukehren.

Dabei grinste er zufrieden, obwohl das Zeug durch das Harz und die Nässe am Boden klebte und das Kehren erschwerte. Albert Knofi war ein hervorragender Weihnachtsverkäufer. Der Beste seines Fachs, wie seine Mitbewerber neidvoll anerkennen mußten.

›Ein tolles Geschäft war das‹, dachte er. ›Die Bäume sind weggegangen wie warme Semmeln. Restlos.‹

Sein Blick fiel auf die verwaiste, mitleiderregend dünne, krummgewachsene Fichte, die neben seinem Wohnwagen in einer ölschillernden Pfütze lag.

»Naja«, brummte er fröhlich, »wäre ja auch ein Wunder gewesen, wenn jemand das verkrüppelte Ding genommen hätte. Das hätte nicht mal ich verkaufen können.«

Er kehrte weiter. Der Nadel- und Zweighaufen in der Mitte seines Verkaufsplatzes wuchs. Knofi würde das Zeug in die bereitliegenden Säcke füllen, sie zubinden und vor dem Wohnwagen abstellen. Kulle wollte sie nach den Feiertagen abholen. Hatte er jedenfalls gesagt, bevor er ging.

Von der nahen Kirche schlug es vier in das frühe Dezemberdunkel.

›Heiligabend‹, dachte Knofi. ›Hah! Heißer Abend! Heute laß' ich die Sau raus!‹

Er richtete sich auf, faßte sich, an den Reisigbesen gestützt, ans Kreuz und beobachtete kurz das noch immer hektische Treiben. Eilende Passanten, deren Absätze hektisch klackerten, in beiden Richtungen, dazu Stimmfetzen. Stop-and-go bei den Autos, begleitet von Motorengebrumm in unterschiedlicher Lautstärke und vom Niesel hinuntergedrückten Abgasschwaden. Irgendwo das nervöse Bimmeln einer Tram.

Albert Knofi grinste wieder. ›Verrückt‹, dachte er. ›Den Lärm hab' ich den ganzen Tag gar nicht wahrgenommen. Die Tage vorher auch nicht.‹

Er packte den Besen fester, um die letzten Quadratmeter von den Baumabfällen zu befreien, und konzentrierte sich auf seine Arbeit.

»He, Sie!« hörte er eine gepreßte, hohe Männerstimme rufen.

Knofi bezog das nicht auf sich, sondern kehrte mit Schwung weiter.

»He, Sie da! Hören Sie mal!« Die Männerstimme kam von unmittelbar hinter ihm, genaugenommen etwas unter ihm.

Sie gehörte einem etwas korpulenten, kleinwüchsigen Mann, der einen recht manierlichen Eindruck machte. In beiden Händen hielt er große Einkaufstüten, die allerdings nicht schwer wirkten.

Das alles sah Knofi, der innegehalten und sich umgedreht hatte, auf einen Blick.

Er richtete den Daumen seiner zur Faust geballten rechten Hand auf sich. »Sie meinen mich?« fragte Albert Knofi.

»Ja, Sie. Sagen Sie …« Der Mann schaute sich um, blickte skeptisch auf den feuchten Boden und stellte seine Einkaufstüten ab. Die fielen prompt um.

»Äh«, setzte der Mann an, den Kopf halbschräg nach oben zu Knofi gerichtet, während er sich bückte, um die Tüten wieder aufzurichten, »Sie verkaufen doch Weihnachtsbäume, oder?«

Albert Knofi lachte und schüttelte verneinend den Kopf.

»Aber auf dem Schild da steht doch ...«

»Ausverkauft«, erwiderte Knofi. »Alle weg.«

»Alle? Weg? Wirklich?«

»Da hätten Sie früher aufstehen müssen, mein Lieber«, konnte Knofi sich nicht verkneifen zu sagen. »Nein«, fuhr er fort. »Wirklich, alle weg. Ich kann Ihnen höchstens mit ein paar Zweigen dienen.« Er deutete auf den zusammengekehrten Haufen. »Aber ansonsten ...« Albert Knofi hob die Achseln und ließ sie wieder sinken.

»Verdammt!« sagte der kleinwüchsige Mann, der sich wieder aufrichtete, enttäuscht. »Wo kriege ich denn jetzt noch einen Baum ... he!« rief er. »Sie! Und was ist das da?«

»Was?« fragte Knofi erstaunt.

»Na, das, neben dem Wohnwagen! Das ist doch ein Baum, oder?« Während der Mann das hoffnungsvoll sagte, deutete er auf die verwaiste Fichte in der Pfütze.

»Baum?« Knofi runzelte die Stirn und schüttelte den Kopf. »Das da?«

»Wollen Sie mich auf den Arm nehmen?« Der kleine, korpulente Mann war beleidigt. »Wie würden Sie das da denn sonst nennen?«

»Nun ja ...«, setzte Albert Knofi an.

»Also, bitte«, sagte der kleine Mann. »In dem Punkt sind wir uns einig. Den nehm' ich.«

Albert Knofi schluckte und schüttelte wieder den Kopf. »Den? Unmöglich! Den kann ich nicht verkaufen.«

»Wieso nicht?« Der Mann runzelte die Stirn. »Ach, das ist Ihr eigener, was?« Er wirkte betrübt.

»Das würde ich nicht so direkt sagen ...«, räumte Albert Knofi ein, »nur ...«

»Zurückgelegt, was?« Der kleine Mann nickte. »Verstehe. Aber, ich brauche dringend einen Baum, wissen Sie«, fügte er hinzu, um dann vertrauensselig fortzufahren, »von wegen Familie und so. Sie verstehen?«

Knofi nickte stumm.

Der kleine, korpulente Mann legte seine Stirn in Falten, überlegte kurz und wandte sich nach einem Räuspern an Knofi. »Ich mache Ihnen einen Vorschlag, Mann. Sie verkaufen mir ganz einfach den Baum. Sagen dem Kunden, sein Baum sei geklaut worden. Ich leg' auch noch was drauf.«

»Was drauf?« echote Albert Knofi ungläubig.

»Drauf! Richtig!« nickte der Mann heftig.

»Also wissen Sie ...«

Bevor Knofi ausreden konnte, war der Mann an dem Zweighaufen vorbei zum Wohnwagen gegangen, hatte einen Bogen um die Pfütze geschlagen, in der die Fichte lag, griff nach dieser und hob sie hoch.

Er musterte die Karikatur von Baum, wobei seine Lippen merklich zu zittern begannen. »Jetzt verstehe ich«, brachte er nach kurzem Zögern heraus. »Aber trotzdem. Ich nehm' ihn. Zehn Mark?«

»Zehn Mark?« wiederholte Knofi, wiederum ungläubig. »Das ist doch nicht Ihr Ernst?«

»Schön, fünfzehn, Mann ..., ich hab's eilig.«

Die Sache begann Alfred Knofi Spaß zu machen. Er wiegte bedächtig den Kopf.

»Menschenskind noch mal, Sie können doch froh sein, daß Sie dieses ... dieses Ding überhaupt loswerden.«

Knofi stützte sich auf den Stiel seines Reisigbesens und musterte sein Gegenüber grinsend. »Sie wollen was von mir, soweit ich mich erinnere, oder? Einen Baum. Diesen Baum. Es ist nicht nur der letzte! Der ist bestellt, reserviert, zurückgelegt. Verstehen Sie?«

Der kleine, korpulente Mann begann sichtlich nervös zu werden. »Schön, Sie sind im Vorteil. Zwanzig Mark. Mein letztes Wort.«

Bevor Albert antworten konnte, wurde hinter ihm eine andere sonore, selbstsichere, befehlsgewohnte Männerstimme laut. »Ich zahl' Ihnen fünfundzwanzig dafür.«

Sehr, sehr langsam und noch viel ungläubiger drehte Albert Knofi sich um. Unbemerkt von ihm und auch von dem kleinen Mann, war ein großer, schlanker Mann auf den fast gereinigten Verkaufsplatz getreten. Der Mann machte einen recht manierlichen Eindruck. In beiden Händen hielt er große Einkaufstüten, die allerdings nicht schwer wirkten.

Das alles sah Knofi auf einen Blick.

»Mmmmh«, war das einzige, was er herausbrachte.

»He, Sie, mein Herr! Was erlauben Sie sich! Ich war zuerst da! Das ist mein Baum!« Der kleine, korpulente Mann starrte den großen, schlanken Mann feindselig an.

Der reagierte mit verächtlichem Schweigen, ignorierte ihn, setzte seine Einkaufstüten ab und griff in das Innere seiner Jackentasche. Er nestelte eine Brieftasche hervor und zupfte daraus einen Fünfziger. Er hielt Knofi den Schein hin. »Okay?«

Knofi rührte sich nicht.

»Eine Unverschämtheit sondergleichen ist das ja wohl!« empörte sich der kleine Mann. »Da stellt sich dieser Mensch einfach hin und … nein, nicht mit mir!«

Das Jammerbild von Baum fest umklammernd und hinter sich herziehend, ging er mit kurzen Schritten zu Albert

Knofi. »Ich war zuerst da, nicht wahr? Das können Sie bezeugen.«

Knofi nickte amüsiert.

»Ich ...«, der kleine Mann tippte mit der freien Hand auf seine Brust, »... ich habe diesen Baum entdeckt.«

»Na und?« erwiderte der große, schlanke Mann gelassen. »Er war ihnen doch zu teuer.«

»Sagen Sie, was fällt Ihnen eigentlich ein, mein Herr!?« ereiferte sich der kleine Mann. »Wie können Sie ...«

Albert Knofi registrierte interessiert, daß der große Mann den anderen einfach nicht zur Kenntnis nahm.

»Rausgeben können Sie ja wohl, oder?« fragte der große Mann Knofi.

Bevor Albert antworten konnte, rief der kleine, korpulente Mann hinter ihm: »Halt! Dreißig Mark. Hier!«

Knofi hörte das Knistern von Scheinen. Dann wurden ihm halbschräg von unten ein Zwanziger und ein Zehner vor die Nase gehalten.

Knofis Blick wanderte von den beiden Scheinen zu dem Fünfziger. Er fuhr sich über das Kinn. »Also, wissen Sie ...«

»Behalten Sie Ihren Fünfziger. Damit ist die Sache dann wohl erledigt. Okay?« Der große, schlanke Mann nickte, nunmehr etwas ungehalten wirkend, Knofi zu, steckte dem den Schein zwischen die Knöpfe seines Kittels, ergriff mit einer Hand den Baum, den der kleine, korpulente Mann hielt, und zog daran.

Der kleine Mann ließ den Baum nicht los. Er wurde vielmehr puterrot. »Eine solche Unverschämtheit habe ich in meinem ganzen Leben noch nicht erlebt. Lassen Sie sofort meinen Baum los!«

»Ihren Baum?« spottete der große, schlanke Mann. »Das ist mein Baum. Den habe ich gerade bezahlt, wie Sie viel-

leicht bemerkt haben. Und jetzt fordere ich Sie auf, meinen Baum endlich freizugeben!«

»Ich denke ja gar nicht daran!« rief der kleine korpulente Mann. »Sie haben kein Anrecht auf diesen Baum. Ich war zuerst da! Es ist mein Baum. Ich brauche diesen Baum.«

»Ich brauche meinen Baum auch«, hielt der große Mann dagegen. Er betonte das »meinen« süffisant.

Der kleine Mann versenkte die Hand mit dem Zwanziger und dem Zehner in seine Manteltasche und zog sie wieder heraus. Er wedelte mit einem Hundertmarkschein. »Hier, hier, nehmen Sie!« rief er Albert Knofi zu.

Der starrte ihn fassungslos an.

»Nun nehmen Sie schon«, drängte der Korpulente Knofi mit merklich höherer Stimme. »Nehmen Sie.« Den Baum und den daran haftenden Mann mit erstaunlicher Kraft hinter sich herziehend, trat er zu Albert Knofi und steckte diesem den Hunderter zwischen die Knöpfe seines Kittels.

»Und jetzt lassen Sie endlich meinen Baum los, mein Herr!« herrschte er den anderen an.

Der machte keine Anstalten, sondern kniff böse die Augen zusammen. »Sie lassen endlich meinen Baum los, Sie … Sie fettige Winzschwuchtel, Sie!« Er griff mit der anderen Hand zu und zerrte heftig an der krummen Fichte.

»Sie lassen jetzt auf der Stelle los, Sie … Sie dämlicher Dummlulatsch, Sie!« konterte der Beschimpfte, legte seinerseits seine andere Hand an die Fichte und stemmte sich mit beiden Füßen gegen den Zug des anderen.

Albert Knofi verfolgte das heftiger werdende Geschehen staunend, trat aber vorsichtshalber beiseite, um bei dem Hin- und Hergezerre nicht versehentlich getroffen zu werden.

Durch das aufwallende Kampfgetümmel, das neben abwechselnd tiefen, mitteltiefen, hohen und höchsten Schreien mit einem intensiver werdenden Keuchen, Schnaufen und Prusten verbunden war, hörte Knofi ein erst feines und dann sehr deutliches Knacken, das den akustischen Beweis dafür lieferte, daß die dünne, dürre Fichte gebrochen war.

Den beiden Weihnachtsbaumkonkurrenten war das Geräusch nicht verborgen geblieben. Plötzliche Stille kehrte ein.

Die Streithähne sahen sich an. Sie ließen gleichzeitig ihre Baumhälften fallen.

»Das haben Sie nun davon!« erboste sich der kleine, korpulente Mann. »Sie, Idiot!«

»Es ist allein Ihre Schuld, Sie ... ach, was soll's!« erwiderte der große, schlanke Mann. Er wandte sich an Albert Knofi und streckte eine Hand aus. »Tut mir leid.«

Knofi musterte den Mann mit schmalen Augen. »Ach, ja? Es tut Ihnen leid?«

»Was soll ich sonst sagen? Und außerdem ... wenn dieser Trottel nicht gewesen wäre ...« Er deutete auf den kleinen, korpulenten Mann, der auf die beiden Baumhälften starrte. Dann trat er zu Knofi und griff dem an den Kittel, an die Stelle, wo er den Fünfziger hingesteckt hatte.

»Augenblick mal«, sagte Albert Knofi und hob eine Hand. »Was wollen Sie?«

»Mein Geld wiederhaben, selbstverständlich«, erwiderte der große, schlanke Mann.

»Ihr Geld wiederhaben?«

»Ja, natürlich. Was denken Sie?« erklärte der Mann mit einer gewissen Herablassung. »Glauben Sie vielleicht, ich gebe Ihnen Geld für ...«

»Was ich glaube«, unterbrach Knofi ihn trocken, »tut überhaupt nichts zur Sache. Tatsache ist, daß Sie einen Baum zerstört haben, der Ihnen nicht gehört. Das kommt Sie teuer, das kann ich Ihnen sagen.«

»Waaas? Sie haben doch selbst erlebt, daß dieser ...«

»Das ist Ihr Problem«, konterte Knofi kühl.

»Richtig, das ist Ihr Problem!« frohlockte der kleine, korpulente Mann, der seinen Widerpart spöttisch ansah. »Gerade waren Sie doch noch so großkotzig. Bitte, jetzt können Sie Ihren Baum«, er betonte das ›Ihren‹ genüßlich, »gerne nehmen.«

Er nickte Knofi zu und streckte die rechte Hand aus. »Wenn ich dann mein Geld wiederhaben könnte.«

Albert Knofi musterte nunmehr den kleinen, korpulenten Mann mit dem bekannten Blick.

»Ihr Geld wiederhaben?« erkundigte er sich lakonisch.

»Na, selbstverständlich. Kein Baum, kein Geld. Das ist doch sonnenklar.«

Knofi hob kurz den Blick zum dunklen Himmel und deutete auf diesen. »Daß das sonnenklar ist, bezweifle ich. Klar ist, daß Sie einen Baum zerstört haben, der Ihnen nicht gehört. Beschädigung fremden Eigentums nennt man das, glaube ich.«

»Nun hören Sie mal!« empörte sich der kleine Mann. »Sie machen wohl Witze!« Er begann zu stottern. »Gerade sa-sagten Sie, de-der Mann da habe die-diesen Baum ...«

Albert Knofi zuckte die Achseln. »Das ist Ihr Problem.«

Der große, schlanke Mann hatte den Wortwechsel verfolgt und wandte sich angriffslustig an Knofi. »Ich habe den Eindruck, mein Bester, daß Sie den Bogen überspannen. Sie wollen uns neppen!«

»Neppen, ja, das ist genau das richtige Wort!« Der kleine, korpulente Mann nickte heftig. »Ganz Ihrer Meinung. Es ist Wucher, eine Unverschämtheit ...«

Der andere Mann schaute seinen Weihnachtsbaumkonkurrenten an. »Genau, eine Unverschämtheit.«

Es war offensichtlich, daß aus Widersachern Verbündete geworden waren. Ihr Feind war Knofi.

»Entweder«, wandte sich der große, schlanke Mann an diesen, »geben Sie uns das Geld zurück, oder wir rufen die Polizei!«

»Jawohl, die Polizei!« fiel der kleine, korpulente Mann ein.

Knofi grinste matt. »Ist mir sehr recht! Aber jetzt hören Sie mir mal genau zu. Sie dringen hier einfach ein, streiten sich um einen Baum, der Ihnen nicht gehört, zerbrechen ihn, machen rücksichtslos meine Arbeit von Stunden zunichte«, er wies bedeutungsvoll auf die durch das Gerangel wieder überall verstreuten Zweige, Spitzen, Aststücke und Holzreste, »und spielen sich dann als Betrogene auf!«

Die beiden Männer waren sprachlos.

»Ich betrachte«, fuhr Albert Knofi fort, »die hundertfünfzig Mark als angemessenen Schadenersatz für den zerbrochenen, somit unverkäuflichen Baum. Für die Arbeit, die ich nun noch mal machen muß«, er wies bedeutungsvoll auf das Durcheinander, »bekomme ich von Ihnen, mal rechnen, hundertfünfzig Mark.«

Er streckte seine Hand aus und schaute die beiden auffordernd an.

Die schluckten. Ihrem Mienenspiel war zu entnehmen, daß sie angestrengt überlegten. Am Ende beugten sie sich Knofis Argumenten.

Während der die hundertfünfzig Mark entgegennahm, meinte der große, schlanke Mann bissig: »Das war wirklich das Letzte!«

»Das Letzte!« nickte der kleine, korpulente Mann beifällig.

Albert Knofi schüttelte bedächtig den Kopf. »Der letzte«, korrigierte er sanft, »der letzte Weihnachtsbaum!«

Zugegeben, eine absurde Geschichte. So absurd wie das Fest der Liebe selbst. Und um genau diese geht es im folgenden Abschnitt …

Stichwort Nächstenhiebe

Das einander Nichtverstehen infolge von Kommunikationsschwierigkeiten oder einfach wegen unverbindlicher Sprachbarrieren hat in der jüngeren Neuzeit zuweilen schon zu erheblichen Komplikationen geführt, vorsichtig formuliert.

Möglicherweise wären die Gründe für diese Komplikationen auch im und am Menschen an sich zu suchen, was nichts weiter heißt, als daß es etwa gewisse Unterschiede geben könnte, die ein natürliches Gleichheitsprinzip unmöglich machen.

Sicher, Beweise für diese Vermutung gibt es nicht – die einschlägigen Wissenschaften sind diese zumindest bisher schuldig geblieben –, aber deshalb ist der Denkansatz nicht völlig zu verwerfen.

Interessanterweise finden sich gerade zur Weihnachtszeit vielfältige Beispiele für Gleichheit wie für Unterschiede. Ob das mit der Zeit als solcher zu tun hat oder als reiner Zufall betrachtet werden muß, ist im Rahmen dieser Faktensammlung nicht weiter von Belang.

Für die im Auftrag der Weihnachts-Mafia arbeitenden Statistiker tut sich in dieser Zeit ein reiches Betätigungsfeld auf, dahingehend, als beispielsweise ermittelt wird, ob Gleichheit oder Unterschiede dominieren und wenn ja, in welchem Umfang, oder ob Ausgewogenheit zwischen beiden besteht.

Des weiteren werden Erhebungen zur Bestimmung der Vorfreuden-, Freuden- und Halleluja-Quotienten durchgeführt, um so festzustellen, bis zu welchem Grade eine Bedürfnisbefriedigung erreicht ist und ob es noch künftig zu füllende Nischen gibt (das bedeutet, anders gesagt, Bedürfnisschaffung). Es versteht sich, daß dabei mitunter eine Bedürfnissättigung, im Extremfall gar eine Bedürfnisübersättigung festgestellt wird, was den Verantwortlichen dann Anlaß zum Nachdenken zwecks möglicher Korrekturen gibt.

Schließlich und endlich interessieren sich die Statistiker bzw. deren Auftraggeber dafür, in welchem Umfang es gelungen ist, den Begriff der Nächstenliebe zu penetrieren, ob und inwieweit sie praktiziert wird, ob der Begriff weiter strapaziert werden darf (also noch für die nächste Saison belastbar genug ist) oder dagegengesteuert werden muß.

Dazu muß man wissen, daß bei der praktischen Umsetzung aus der Meteorologie abgeleitete Erkenntnisse Anwendung finden. Etwa die, wie ein Hoch- oder Tiefdruckgebiet entsteht, wie sie aufeinander einwirken und sich verändern.

Wiederum auf die Weihnacht bezogen heißt dies, Schaffung und Steuerung von Hochgefühl oder Tiefgefühl, was dann im allgemeinen am Heiligen Abend seinen Höhepunkt in einem Wechselbad der Gefühle findet.

Die Aussage der rein numerischen Arbeit der Statistiker, wie gewertet oder gewichtet deren Ergebnisse auch sein mögen, ist auf nackte Zahlen und Prozentsätze reduziert, die beim statistisch beschriebenen Laien allenfalls ein verständnisloses Kopfschütteln bewirken. Aber dies nur am Rande.

Diese Ausführungen sind nötig, um die mit Weihnachten unlösbar verbundenen Nächstenhiebe und deren Funktionsprinzipien und Wirkungsmechanismen zu verstehen, die ja einen wesentlichen Bestandteil des Festes bilden und deren praktische Anwendung eine der Grundvoraussetzungen für das Überleben ist. So soll Gestalt annehmen oder zumindest doch bildhaft gemacht werden, was sich hinter den zuvor erwähnten Zahlenwerken verbirgt.

In dem mehrfach erfolgreich dramatisierten Werk »Szenen eines Weihnachtseinkaufstages« des Autors Will Shop findet sich ein köstlich zu lesendes Kapitel zu unserem Thema. Darin wird das Auf und Ab in einem großen Kaufhaus höchst amüsant geschildert. Beides, das Auf und Ab, erfolgt nämlich auf Rolltreppen und mit Fahrstühlen.

Ich betone das, weil diese Errungenschaften der Technik zwei der vielseitigsten Betätigungsfelder für Nächstenhiebe bieten, wie Shops Beschreibungen verdeutlichen.

Der zwar unauffällig, aber erbittert geführte Kampf um die ersten und besten Plätze auf den Rolltreppen oder beim Betreten der Fahrstühle sei, dies merkt Shop ironisch an, »ein mustergültiges Beispiel für das ewige Prinzip der natürlichen Auslese, demzufolge nur die Stärksten überleben können«.

In der Tat: Wie viele der Abermillionen Kaufhausbesucher entkommen dem Getümmel unversehrt, ohne ernsthafte Blessuren an Leib, Seele und Portemonnaie? Der einzige Trost, der den von ihren und allen anderen geschobenen, geschundenen, gedrückten, gequetschten, geschlagenen, gebeutelten Verlierern bleibt – Shop schließt das Kapitel lakonisch mit dem Satz: »Die Weihnachtsrevolution entläßt ihre Opfer!« ab –, ist das betäubende Gefühl, dabei gewesen zu sein. Ein schwacher Trost. Aber das ist eine Frage des Standpunktes.

Ein anderer Aspekt der kaufhaustypischen Transportmittel – der Rolltreppen wie der Fahrstühle – ist, daß hieran das an anderer Stelle erwähnte Einwirken von Hoch- und Tiefdrücken (so heißt es physikalisch korrekt) aufeinander, ihre Wechselbeziehung also, ihre Veränderungen und Folgen sichtbar werden.

Sollten Sie zu der sechsten Jahreszeit in einem Kaufhaus einen ruhigen Beobachterplatz finden, was recht wahrscheinlich ist, nutzen Sie die einmalige Gelegenheit, denn Ihren staunenden Augen wird sich ein prächtiges Szenario bieten, das die vergleichsweise abstrakte Darstellung der Wetterkarten im Fernsehen weit übertrifft.

Hochdrücke ballen sich am Fuße der aufwärts laufenden Rolltreppen, Tiefdrücke am obersten Absatz der nach unten laufenden. Durch die konstruktionsbedingte Verschachtelung der Rolltreppen – Füße und Absätze befinden sich auf einer Ebene – prallen die Drücke aufeinander. Allerdings nicht voneinander, wie es an anderen Tagen vielleicht der Fall sein könnte. Durch die stete Zufuhr heißer oder eiskalter Menschenmengen, je nach Lauf- und Kaufhausrichtung, verstärkt sich die Frontenbildung mit dem Ergebnis, daß ein Sturm mit einer Gewalt ausbricht, vor deren Wucht die Erfaßten sich nur glauben retten zu können, indem sie sich gegen die Richtung stemmen und Halt suchen.

Dies ist ein fataler Irrtum, weil dabei übersehen wird, daß es sich ja um einen Wirbelsturm handelt, die Drücke also aus allen Himmelsgegenden gleichzeitig kommen.

Und noch ein Phänomen wird sichtbar. Es gibt kein Auge des Taifuns, in dem Ruhe herrscht. Im Gegenteil: Aus der Mitte hebt sich jenes verzweifelte, von Todesangst erfüllte Geschrei, das uns aus Horrorfilmen vertraut ist, etwa bei der Bestückung und Schließung einer eisernen Jungfrau.

Die kolossalen Unwetter an, vor und auf den Rolltreppen finden ihre nicht minder heftig tobenden Pendants an den Fahrstühlen. Diese werden durch gegeneinander prallende Rein- und Rausdrücke (Termini, die an der Meteorologie angelehnt sind) bewirkt.

Lesern, die nunmehr die bange Frage stellen, ob es denn überhaupt eine Überlebenschance gibt, mithin eine Rettung vor dieser Art von Nächstenhieben, sei gesagt: »Ja, es gibt sie: Einfach ausrücken vor den Drücken.«

Zum praktischen Studium weiterer Formen und Ausprägungen von Nächstenhiebe finden Sie in der Fußnote[1] einen wertvollen Literaturhinweis.

Bleibt die Frage, ob womöglich hinter Nächstenhiebe ein tieferer Sinn verborgen ist, der sich nicht jedem erschließt.

Ein definitives »Ja« ist die Antwort. Sie finden Sie auf den nächsten Seiten in aller Ausführlichkeit.

1 »Das Erste-Hilfe-Weihnachtsbuch« v. R. Knecht

Weihnacht im Altenpflegeheim zu Alzheim

Matt rieselte der Schnee von den Fenstern des einstöckigen Backsteinbaus, an dessen schmutzigbrauner Fassade ein blätterndes Schild »Altenpflegeheim Alzheim« verkündete. Die fetten, grauweißen, nassen Flocken verbanden sich auf der zertretenen gräulichgrünen Grasfläche zu einem pappigen Matsch, der dort, wo die Heizungsrohre aus dem Hause führten, zu schwarzdunklen Pfützen verlief.

»Platsch«, machten die Flocken.

»Platsch.«

Und immer wieder »Platsch.«

Die Pfützen wurden größer und schluckten das Licht, das aus den kleinen Sprossenfenstern fiel.

Vor dem Haus quälten sich Autos im einsetzenden trüben Düster mit winselnden Motoren über den matschig-nassen Asphalt und kamen in Schüben rutschend an der Ampel vor der Hauptstraße zu stehen.

Dort brummte aus Richtung Einkaufszentrum die abblendbelichtete Karawane der verspäteten Weihnachtsschlußverkaufeinkäufer hupend dem heimischen Gabentisch zu.

Im ersten Stock des Backsteinbaus, in Zimmer 21, saß Justus Kornei, 82 Jahre alt, am Fenster und starrte reglos nach draußen.

Draußen war das, soweit er sich erinnerte, was hinter den kleinen Scheiben lag.

Justus erinnerte sich nur selten.

Draußen war eine Ewigkeit her.

Drinnen war seine Welt.

Genau wie die der anderen.

Er schüttelte bei dem plötzlich auftauchenden Gedanken den Kopf. Was bedeutet »anderen« doch gleich?

Justus Kornei hatte kurz etwas Schemenhaftes vor Augen, ähnlich dem, was er in einer dieser kleinen Scheiben im Sprossenfenster sah.

Ein Gesicht?

Gesicht, natürlich. Das war es! Ein Lächeln breitete sich über Korneis Gesicht. Ein Lächeln des Verstehens. Erinnerns. Ein Augenblick von Klarheit.

Er freute sich, weil er plötzlich assoziieren konnte. ›Auch so ein Wort‹, dachte er. Und weiter: ›Was habe ich gerade gedacht? Gedacht!‹

Seine Wangenmuskeln zuckten. ›Draußen‹, fiel ihm ein. ›Drinnen.‹ Und ›andere‹.

Dann fügte sich in rascher Abfolge zu Worten und Verbindungen, was er draußen wahrgenommen hatte, ohne es bewußt zu sehen oder zu hören, und er war glücklich, all diese Eindrücke halblaut artikulieren zu können.

»Schnee«, sagte Justus Kornei zu dem kleinen Zimmer. »Matsch. Autos. Ein Stau vor einer Ampel. Die Autos hupen.«

Er freute sich, schlußfolgern zu können.

»Das bedeutet viel Verkehr. Aber warum herrscht viel Verkehr?«

Er krauste die Stirn, dachte angestrengt nach. Dann fiel sein Blick auf etwas Gelbleuchtendes, Fünfeckiges, das über der Straße hin. Auf einen Stern.

Stern?

›Weihnachten?‹ überlegte er. Doch bevor er weiter nachdenken konnte, war alles wieder so plötzlich weggespült, wie es gekommen war. Versiegte einfach. Worte, Sätze, Zusammenhänge. Alles.

Keine Möglichkeit des Erfassens, Begreifens und Artikulierens mehr. Keine Abfolge mehr. Alles wieder verschlossen im Kerker des Dämmers. Des Vergessens.

Schwester Karin war aufgebracht, als sie Zimmer 23 betrat. Gestank schlug ihr entgegen. Eine Mischung aus Kot und Urin. Die 76jährige Elsbeth Parrer wimmerte leise unter der Decke, die sie sich über den Kopf gezogen hatte.

»Böse, böse Elsbeth!« rief Schwester Karin, die die Tür hinter sich zuknallte, der Gestalt unter der weißen Decke zu. »Du hast ja schon wieder Aa und Pipi in dein Bett gemacht. Ich habe dir doch heute vormittag schon gesagt, daß du das nicht darfst. Schwester Karin wird nämlich sonst sehr, sehr böse mit dir! Verstehst du?«

Das Wimmern unter der Decke wurde lauter.

Nunmehr fast außer sich trat Schwester Karin ans Bett und riß die Decke zurück, den Kopf wegen des durchdringenden Gestankes beiseite gewandt.

Elsbeth Parrer hatte ihren Kopf in das dünne Kissen gepreßt, Mund und Nase nach unten, und hielt sich schützend die Ohren zu.

Energisch faßte Schwester Karin die dürren Arme und zog sie weg. »Hör zu, wenn ich mit dir spreche, verdammt noch mal!« schrie sie. »Hast du gehört, was ich gesagt habe, Elsbeth?«

Die alte Frau nickte kaum merklich.

»Wenn das noch einmal passiert, kannst du was erleben. Das sag' ich dir!« herrschte Schwester Karin die Frau an, die jetzt am ganzen Leibe zitterte. »Ist das klar? Und sieh mich gefälligst an, wenn ich mit dir rede!«

Elsbeth Parrer hob mühsam den Kopf und drehte ihn zu Schwester Karin. Sie schaute die junge Altenpflegerin mit großen, furchtsamen Augen an, die tief in den Höhlen lagen, und nickte wieder.

»So eine elende Schweinerei! Und das ausgerechnet heute, kurz vor Dienstschluß! Man sollte dich …« Schwester Karin führte den Satz nicht zu Ende. »Steh auf, Elsbeth!« herrschte sie die alte Frau an, »damit ich das Bett frisch beziehen kann. Bleib aber auf der Kante sitzen! Ich muß erst Schwester Angela holen. Allein schaffe ich das nicht.«

Die Altenpflegerin marschierte zur Tür, riß sie auf und rief über den langen tristweißen Korridor, in dem Rollstühle, ein abgezogenes Krankenbett und ein angeschlagener Tisch standen: »Angela, Angela! Die Alte auf Dreiundzwanzig hat schon wieder ihr Bett eingesaut. Komm mal rasch her!«

An beide Seiten des Tisches waren Plastikstühle geschoben. Auf dem Tisch lag ein stark nadelnder Adventskranz mit dünner roter Schleife und vier dicken roten Kerzen mit jungfräulichen Dochten. Irgendwo dudelte ein gedämpftes »O du fröhliche …«

Am einen Ende des Korridors öffnete sich eine Tür. Die Gerufene steckte den Kopf heraus. »Ich kann jetzt nicht. Der Zimmerer hat die Hosen voll.« Sie schlug die Tür wieder zu.

»Verdammt!« fluchte Schwester Karin mit einem Blick auf die große Uhr, die in der Mitte des Ganges unter der Decke hing. Ein dünner roter Zeiger fraß Sekunden. Gleich zehn nach vier.

Die Altenpflegerin überlegte. »Henni!« rief sie dann. Ein breiter Schatten wuchs hinter der milchverglasten Schwingtür am anderen Ende des Korridors. Eine untersetzte, dicke Frau unbestimmten Alters trat hindurch. Weißbekittelt, die Füße in Gesundheitssandalen. Die Sandalen klatschten lustlos auf dem ausgetretenen Linoleum, als die Frau, Henni, zu Schwester Karin watschelte.

»Ich komm' ja schon! Kann ja nich' fliegen!« maulte Henni kurzatmig.

»Is'n los?« fragte sie quengelnd, als sie die andere Pflegerin erreicht hatte.

»Ach, diese alte ...«, regte sich die auf, den Daumen auf das Zimmer hinter sich gerichtet, »hat schon wieder ins Bett gemacht. Das zweite Mal heute. Ich werde noch wahnsinnig.«

Henni verzog ihren breiten Mund. »Laß sie doch drin liegen!« schlug sie grinsend vor. »Vielleicht kapiert sie's dann!«

Schwester Karin kicherte kurz, wurde aber gleich wieder ernst. »Komm. Faß mit an«, sagte sie.

In der kahlweißen Küche des Altenpflegeheims schepperten Töpfe, klirrten Teller und Bestecke. Maria, die dicke Küchenhelferin, wischte ihre Hände an der schmuddeligen Schürze ab und schaute auf ihre Armbanduhr.

Schon Viertel nach vier.

In einer knappen Stunde sollte die kleine Weihnachtsfeier beginnen.

Maria griff entschlossen wieder zur Schöpfkelle und rührte noch energischer in dem Zwanzig-Liter-Aluminiumtopf mit der obligatorischen Festerbsensuppe, die blasenschlagend brodelte.

Am Tisch daneben kämpfte eine andere Küchenhelferin, die dürre, blasse Christine, mit dem Blech der großen Würstchendosen.

»Au!« schrie Christine auf.

Und dann: »Verdammter Mist!«

Sie steckte den heftig blutenden Zeigefinger der linken Hand in ihren Mund.

Maria unterbrach ihr Rühren und warf Christine ein nasses Küchenhandtuch zu, das klatschend vor der auf den Tisch fiel. »Mach die Platte damit sauber«, ordnete sie an. »Und beeil dich gefälligst. Wir müssen noch decken.«

»Ich mach' ja!« erwiderte Christine mit schmerzverzerrtem Gesicht. Dann fügte sie spitz hinzu: »Kommandier mich nicht ständig rum. Ich weiß selbst, was ich zu tun habe.«

Marias Antwort war ein gleichgültiges Schulterzucken. Sie rührte noch einmal die Suppe um und schob darauf den Topf an den Herdrand. Das Blubbern wurde schwächer.

Sie nahm einen Löffel, tauchte ihn in den Topf, nahm etwas von der breiigen hellgrünen Flüssigkeit heraus, blies darauf und kostete vorsichtig. Maria schnitt eine Grimasse. »Naja, hat auch schon besser geschmeckt.« Sie wandte sich an Christine. »Können wir dann die Würstchen kleinschneiden?«

Die andere Küchenhelferin nickte mürrisch.

»Paß auf, daß du dich dabei nicht schneidest«, sagte Maria anzüglich.

Christine hob eingeschnappt den Kopf.

Um kurz nach fünf war alles bereit. Tiefe Teller, große Löffel, kleine Löffel und festliche Papierservietten mit Kerzenmuster lagen auf den Plätzen der sechs Vierertische im Gemeinschaftsraum. Der war in einem undefinierbaren Grünton gestrichen. In der Tischmitte stand jeweils ein verblaßt bunter Pappteller mit einem zerbröckelten Gemisch undefinierbarer Kekse.

Gelbfahles Licht breitete sich aus den Plastikkästen mit

den Neonröhren, die in Zweierreihen unter der Decke klebten. In einer Ecke stand eine flüchtig als Weihnachtsbaum geschmückte Fichte. Daran glommen elektrische Kerzen.

Aus einem darunterstehenden Kassettenrekorder, in dem sich etwas mühsam mahlend drehte, drang »Laßt uns froh und munter sein«.

Die Heiminsassen, sofern nicht ans Bett gebunden, waren zu ihren Plätzen geführt oder in ihren Stühlen dorthin gerollt worden. Sie saßen apathisch schweigend da, mit ausdruckslosen, starren, seltsam müden Gesichtern. Die Augen glanzlos und matt. Sie sahen sich nicht an.

Die Altenpflegerinnen, Schwester Karin, Schwester Angela und Schwester Henni, hatten neben der Tür Position bezogen. Schwester Karin war bereits in Zivil. Sie schaute mehrmals nervös auf ihre Armbanduhr. Sie hatte gleich Dienstschluß.

Es roch nach Alter, trotz Desinfektionsmittel und Scheuerpulver, fand der Pfarrer, der jetzt mit festlich wohlwollender Miene eintrat, geführt von Haller, dem Heimleiter, gefolgt von Oberschwester Mathilde, der Stationsleiterin.

In diese Gerüche mischte sich der von Erbsensuppe, die auf sechs Terrinen verteilt oben auf dem wuchtigen Servierwagen stand, den Maria, die Küchenhelferin, hereinrollte. Die breiige grüne Masse in den Terrinen schwappte.

Auf den beiden unteren Böden des Wagens klirrten leise eng aneinandergestellte Dessertteller, alle mit einem Löffelschlag eines violettrötlichen Puddings gefüllt und mit einem Klacks Dosensahne gekrönt.

Der Pfarrer trat mit Haller und Oberschwester Mathilde neben den Weihnachtsbaum. Haller nickte der Oberschwester zu, die sich bückte und den Kassettenrekorder abschaltete, mitten in »... lauf ich schnell zum Teller hin«.

Die wohlwollend festliche Miene des Pfarrers wurde

noch freundlicher. Er lächelte und räusperte sich. Haller und Oberschwester Mathilde lächelten auch.

»Meine Lieben«, begann der Pfarrer mit öliger Stimme, »wir haben uns hier zu dieser besinnlichen und doch frohen Stunde versammelt, um das Fest …«

Draußen quietschten Bremsen. Es gab einen heftigen Schlag, Geräusche von ächzendem Blech und klirrendem Glas. Dann Türenschlagen und erregte Stimme. Ein Hupkonzert begann.

Der Pfarrer lächelte süßsauer, räusperte sich und warf einen Blick auf die große Uhr über der Tür des Gemeinschaftsraumes.

Er schaute Haller entschuldigend an, dann Oberschwester Mathilde, bevor er wieder zu den Alten schaute, die genauso unbewegt und stumm wie zuvor da saßen.

»Tja, meine Lieben«, sagte der Pfarrer, bemüht, sich gegen das anhaltende Hupkonzert durchzusetzen, »da bleibt mir wohl für heute nichts weiter, als Ihnen ein frohes, gesundes und vor allem gesegnetes Weihnachtsfest zu wünschen und einen guten Appetit!«

Er nickte aufmunternd und lächelte gütig.

Haller gab Maria und Christine, die sich inzwischen auch hereingeschlichen hatte, ein Zeichen, die Terrinen auf die Tische zu stellen.

Oberschwester Mathilde nickte den an der Tür stehen den Schwestern zu, die sich daraufhin zu ihren Schutzbefohlenen begaben, um ihnen soweit nötig beim Essen zu helfen.

Der Pfarrer schickte sich an, wohlwollend nickend von Tisch zu Tisch zu gehen.

Das Hupen draußen wurde leiser.

Plötzlich breitete sich ein seliges Lächeln über das Gesicht von Justus Kornei, der zum Fenster gestarrt hatte.

›Draußen!‹ dachte er.

»Draußen. Hupen!« sagte Justus Kornei dann laut. »Autos. Unfall. Matsch!«

»Ja, Matsch, Opa!« bestätigte Schwester Henni, die neben ihm saß und ihm einen Löffel Erbsensuppe zum Mund führte. »Den hast du in der Birne. Nun sei schön brav und iß.«

Das Lächeln auf Justus Korneis Gesicht verflog. Und alles war wieder weggespült. Keine Möglichkeit des Begreifens und Artikulierens mehr. Alles verschlossen im Kerker des Dämmers. Und des Vergessens.

Gnädig verschlossen.

Die Pervertierung des Schenkens: Alle Jahre Mieder?

Ein Nachtrag zum Komplex der »Nächstenhiebe« sei aus Gründen der Verständnisbildung für diesen Abschnitt gestattet.

Ähnlich wie beim Christbaum, gibt es bei diesem länderübergreifende verwandtschaftliche Gemeinsamkeiten, die ihren Ausdruck ja in der vorläufigen Vollendung der EU gefunden haben, was einen regen Austausch auf allen Ebenen der wechselseitigen Beziehungen zur Folge hat.

Der urdeutsche »Weihnachtsbock«, eine eigenwillige Sonderform der intensiven Vorbereitung für die radikale Verteilung geballter Nächstenhiebe, wird seit geraumer Zeit auch nach England exportiert.

Umgekehrt beglückt das Inselreich uns seit ebenso geraumer Zeit mit seiner sehr typischen Version, dem urenglischen »Punch«. Weitaus deutlicher als bei dem deutschen Erzeugnis kommt in diesem Begriff, der eine Bezeichnung für ein Weihnachtsgetränk ist, nämlich die deutliche aggressive Aufforderung, zuzuschlagen. Denn »punch« bedeutet bekanntlich schlagen.

Die Effektivität der Austeilung von Nächstenhiebe ist folglich durch Genuß von »Weihnachtsbock« oder »Punch« steigerbar. Dies wirkt sich ab einem gewissen Promillelevel auch vorteil- bzw. nachteilhaft auf das Schenken aus – das streng genommen als eine besonders brutale Art von Nächstenhiebe begriffen werden muß –, dahingehend nämlich, als zuvor vielleicht vorhandene Hemmschwellen nicht nur sinken, sondern völlig verschwinden.

Die Zeiten des gedankenlosen Überreichens von SOS[1] sind leider vorbei. Leider deshalb, weil es ein harmloses Geschenk war, mit dem selten Folgeschäden beim Empfänger ausgelöst wurden.

Ganz und gar nicht harmlos ist hingegen, was sich heute auf Gabentischen findet, wie jüngste Umfrageergebnisse erschreckend verdeutlichen.

Mieder oder besser »Dessous« in all ihren sündhaften Ausprägungen, Aus- und Weglassungen sowie Schnittformen gehören zu den Geschenkerennern, mit Vorsatz ausgewählt von selbsternannten Kennern, die mit der Darreichung der Gabe nichts anderes im Sinn haben, als ihre durch gezielt tückische Genmanipulation ohnehin verstärkten Triebe – wir führten das an anderer Stelle bereits aus – noch weiter zu intensivieren und in Auslassung derselben unterm Weihnachtsbaum tatsächlich auch noch das Fest zu pervertieren.

Das ist ein Faktum, das nur vage erahnen läßt, welche Dimensionen der Dekadenz das Schenken bereits angenommen hat.

Sie findet ihre zwar konsequent logische, dennoch aber nicht minder verwerfliche Steigerung in Dingen, die lediglich der Befriedigung animalischer Weihnachtsbedürfnisse dienen.

1 Eine Erklärung nur für die jüngere Generation, denen dieser Terminus fremd sein mag: Socken, Oberhemd, Schlips

So sind Reizkondome in Tannenzapfen- oder Fichtenzweigform, gefüllt mit lustverlängerndem Harz und wahlweise mit Fichten-, Kiefern-, Tannen- oder Latschenaroma eigens für Christbaumständer im Angebot.

Es versteht sich unter den geschilderten Umständen wohl von selbst, daß diese ebenso reißenden Absatz finden wie beispielsweise Dildos in Puttenform und Hardcorepornos, die dem weihnachtsgeilen Betrachter die Entnadelung einer jungfräulichen Blautanne und ihre Schändung durch lichterloh brennende Kerzen in allen Details, ja, in extremen Closeups widerlichster Art zeigen. Eines dieser Machwerke, von der BPfWS[2] vergeblich auf den Index gesetzt, endet damit, daß sich eine orgiastisch schüttelnde Fichte sämtliche Nadeln abwirft und Stamm wie Zweige in unkeusch aufreizender Nacktheit zeigt.

In Anbetracht solcher, die intimsten Dinge verletzenden Entartungen bleibt einem nur wütende Verzweiflung.

Mit hübschen Kleinigkeiten, die doch nichts weiter als symbolische Gesten gegenseitiger Liebe und Zuneigung sein sollen, ist kein Gabentisch mehr zu decken. Preiswerte und originelle, vor allem aber liebevoll verpackte Kleinigkeiten wie Schmuckstücke, Kunstgegenstände, Zweit- oder Drittwagen, ein niedliches Eigenheim, Pferde, Hunde oder Katzen, um nur einige der vor Jahresfrist noch auf der Verschenke-Hitliste obenan stehenden Gaben zu nennen, hat das gleiche Schicksal ereilt wie das erwähnte SOS-Päckchen.

Gewiß – da sind einige seltene Ausnahmen, die zwar

2 Bundesprüfstelle für weihnachtsgefährdende Schriften (sie ist auch für Videos zuständig)

wenig begründeten Anlaß zur Hoffnung geben, aber doch beweisen, daß der Geist der Weihnacht irgendwo noch in der Form herumschwebt, wie er ursprünglich einmal konzipiert gewesen sein mag.

So bietet beispielsweise ein amerikanisches Weihnachtsversandhaus seinen wenig bemittelten Kunden, es sind vor allem Hirten und Ölquellenhüter, zu Dumpingpreisen goldene Luft in Dosen an, die man unterm Lichterbaum zischend entweichen lassen kann, zu allseitiger Freude.

Niedlich im vorgenannten Sinne ist auch die kleine Aufmerksamkeit, mit der ein kleinwüchsiger japanischer Kleingrundbesitzer seine noch kleinere Frau bedachte, nämlich eine winzig kleine Brosche in Tannenbaumform, bestückt mit rund 200 noch winzig kleineren Diamanten. Mag dieses Stück auch keinen erwähnenswerten materiellen Wert darstellen, so verdeutlicht es doch, wie man mit ein wenig Nachdenken Freude schenken und beglücken kann.

Der Vollständig- und Gerechtigkeit halber seien noch zwei besonders originelle Geschenke erwähnt, die, fänden sie denn Nachahmer, dazu beitragen könnten, die Weihnachts-Mafia ein wenig zu verunsichern.

Da ist einmal das sogenannte Wunsch-Schenken, eine Gabe, die durch Formulierung des Satzes »Liebling, ich schenke dir einen Wunsch!« überreicht wird. Um die Erfüllung desselben geht es natürlich nicht, sonst wären wir ja wieder beim organisierten Versprechen.

Nicht minder originell, indes nur für Paare geeignet – gleich ob mit oder ohne Trauschein – ist das Verschenken eines Seitensprungs. Das kostet gar nichts und macht allen Beteiligten viel Freude, ist es doch auch ein gegenseitiger Vertrauensbeweis, so recht passend zum Fest der Liebe.

Doch zurück zur Überschrift dieses Kapitels, speziell zur Pervertierung des Schenkens. Die nämlich bietet die ideale Überleitung zu unserem nächsten Faktenkomplex.

Weihnachtsengel – eine verrohte Art

Engel! Was ist aus euch geworden, und wie konnte es bloß dazu kommen!

Der Schweizer Engelsammler Marijan Ivan Grill, Besitzer von über 5.000 Exemplaren der Art, weiß keine Antwort darauf. Ihm ist nur wichtig, »daß sie Flügel haben«.

Je nun! Dieser Allgemeinplatz hilft uns beim Zusammentragen der Fakten wenig weiter. Aber soviel sei vorausgeschickt: Die wenigsten Engel haben noch Flügel, um abheben zu können.

Knallharte Tatsachen sind es, welche die ehedem so lieben gnaden- und gabenbringenden Engel nicht bloß haben tief sinken, sondern verkommen und verrohen lassen. Doch der Reihe nach.

Das Luftverkehrsaufkommen hat sich im Laufe der letzten Jahrzehnte als Folge des Massenferntourismus in einem so nicht erwarteten Umfang vervielfacht. Dies ist ebenso bekannt wie die Tatsache, daß die Flugsicherungsanstalten aller Nationen dadurch in Spitzenzeiten überfordert sind.

Fluglotsenstreiks zu Urlaubszeiten, zu denen ja auch die Weihnachtszeit gehört, trugen zur Steigerung des ohnehin vorhandenen Chaos bei. Die Bilder von hoffnungslos überfüllten Wartehallen, ermüdeten, erschöpften und frustrierten Urlaubern, von langen Schlangen, abgestürzten Maschinen und ähnlichem mehr sind wohl jedem noch in unschöner Erinnerung. Doch, das ist schon zynisch gemeint.

Zynismus deshalb, weil in diesen Berichterstattungen die Engel als fortfliegend Leidtragende nicht die geringste Erwähnung fanden.

Man darf vermuten, daß auch hierhinter Methode steckt. Meldungen von Beinahezusammenstößen zwischen Verkehrsmaschinen und Engeln, sofern von Flugkapitänen denn überhaupt gemeldet, wurden der Öffentlichkeit verschwiegen, wiewohl die VHH[1] immer wieder ihren Forderungen nach verbindlicher Regelung Nachdruck zu verleihen versuchte und auf die Ausdünnung ihrer Mitgliedsbestände aufmerksam machte.

Vergeblich, wie man unschwer erraten kann.

Die immer aggressiver werdenden Reaktionen der Engel sind andererseits auch durch das Verhalten der militärischen Tiefflieger zu erklären. Die an diesen Übungsflügen beteiligten Piloten aller Nationen machten und machen sich – speziell über deutschen Landen – einen Spaß daraus, Engel zu jagen und sie als Zielflugobjekte zu benutzen.

Ein Oberst der Bundesluftwaffe brüstete sich unlängst im Offizierskasino seines Geschwaders damit, »drei Engel gleichzeitig rasiert zu haben«. Jedweder Kommentar dazu erübrigt sich wohl!

Die ausgesprochenen Tiefflugverbote haben die Situation nicht entschärft, sondern das Gegenteil bewirkt, fliegen doch die Militärmaschinen weiter, mit ausdrücklicher Genehmigung der zuständigen Stellen übrigens, um die »uner-

1 Kürzel der Engelsgewerkschaft »Vom Himmel hoch«

betenen und gefährlich die Sicherheit störenden Engel«, so eine inoffizielle Verlautbarung, vom Himmel zu holen.

Die VHH hatte gehofft, sich zumindest im untersten Luftraum unbeschadet bewegen zu können.

Auch damit nicht genug. Ein weiteres Beschneiden der Entfaltungsmöglichkeiten erfolgte durch Verweigerung von Außenlande- und Nachtfluggenehmigungen der jeweils zuständigen Behörden, woraus wohl selbst der des Fliegens Unkundige schließen kann, daß die legale Landung von Engeln systematisch verhindert werden soll.

Weiterer Beweis für die Existenz des mehrfach erwähnten Komplotts.

In der Frühweihnacht des Jahres 1986 rief dann der VHH unter dem Motto »Engel, wehrt euch!« verzweifelt zu einer Großflugdemonstration auf bei gleichzeitiger Androhung eines Streiks. Die Demonstration wurde nicht genehmigt.

Dennoch fanden sich einige Hundert mutige Engel ein, um auf ihre erbärmliche Lage aufmerksam zu machen. Diese Protestkundgebung wurde von einem Aufgebot brutalst vorgehender Federreißer mit eigens auf Engel abgerichteten Hunden, den Federbeißern, im Keime erstickt.

Diese weitgehend unbekannte Sondereinsatztruppe des Luftraumschutzes (Codename LRS oo) feierte ihren fragwürdigen Sieg mit zwanzig Fässern frisch eingeflogenem (!) Federweißen.

Die Überlebenden dieses beispiellos wahnsinnigen Gewaltaktes – die Protestkundgebung ist natürlich gemeint – wurden wie Vieh in eine nahe Schafscheune getrieben und dort kahlgeschoren. Dies auf ausdrückliche Anweisung von höchster Stelle, nämlich des Bundeshaarministeriums, das ein ganz besonderes Interesse am Erfolg dieser scheinbar so sinnlosen Aktion hatte.

Wie später durch eine Indiskretion bekannt wurde, gab es in jenem Jahr einen bedrohlichen Lieferengpaß an dem zur Weihnacht so begehrten Engelshaar. Dies spricht Bände.

Kein Wunder also, daß die Engel nach solch entwürdigender unirdischer Behandlung Gleiches mit Gleichem zu vergelten trachten und roh reagieren.

Davon kann sich jeder überzeugen, der offenen Auges durch unsere Städte geht. Die letzten noch überlebenden Vertreter dieser Art findet man, herablassend behandelt, immer wieder gejagt, beschimpft, geächtet und wegwerfend »Punks« genannt.

Eine Wende zum Guten scheint aussichtslos. Das ist in mancherlei Hinsicht bedauerlich, hat vor allem aber tragische Auswirkungen in einem Bereich, der wohl einmal die ureigenste Domäne der Engel war und als Folge der geschilderten Ereignisse ebenso verkommen und verwaist ist.

Die Weisen aus dem Morgenlande

Ältere Leser werden sich vielleicht noch an jene so glückselige Zeit erinnern, als sie zur Weihnacht, Harfe und Leier schlagend, Trompeten, Posaunen und Schalmeien blasend, allgegenwärtig waren und uns mit ihrem lieblichen Gesang, der süß in die Ohren aller drang, die bereit waren, zu hören, erfreuten.

Richtig, die Engel waren es, die jetzt verrohte Art, von der zuvor die Rede war.

Die Lücke, die sie hinterlassen haben, ist um so schmerzlicher, als sie wohl nie wieder gefüllt werden wird.

Natürlich gibt es bis auf den heutigen Tag irdische Lückenfüller – die sich wohl kaum als reuige Lückenbüßer verstehen –, die versuchen, es mit Weisen mannigfacher Art aus dem Morgen- und Abendlande den Engeln gleichzutun.

Ein unsinniges, vermessenes, aberwitziges Unterfangen, das zudem unerträglich ist.

Vor Grauen flieht flugs, wer sich versehentlich ungeschützten Ohres in die Weihnachtswelt gewagt hat und unvermittelt diesen Weihnachtsweisen ausgesetzt ist. Knöcheltief sickert süßlicher, klebriger Stimmschleim in die Gehörgänge, der Hammer und Amboß unlösbar miteinander verpappt, was zwangsläufig Taubheit zeitigt.

Wer soviel Verstand besitzt, ohne zuvor diese gräßliche Erfahrung gemacht haben zu müssen, sich ausgestattet mit Ohrenstöpseln in das weihnachtliche Geräuschinferno zu begeben, wird aus dem Staunen über das Ausmaß dieser besonderen Form von Wahnsinn nicht herauskommen.

In öffentlichen Verkehrsmitteln, auf Straßen, in Kaufhäusern, Cafés und Restaurants – überall sieht man sie, diese Weihnachtsfeierwilligen mit abgestumpften Blicken, schon in jüngsten Jahren zu Schwerhörigkeit und endlich Taubheit verdammt, mit übergestülpten Radauinjektionsspritzen, durch feine Drähte mit am Gürtel oder sonstwo getragenen Geräten verbunden, die so treffende Bezeichnungen wie »Weihnachtswalkman« oder »CD-Walkman«[1] haben.

Und in der Tat, die Trommelfelle der Träger werden gewalkt, bis nur noch Fetzen übrigbleiben und selbst dickstes Ohrenschmalz keinen Halt mehr in den schmerzhaft erweiterten, nunmehr nutzlosen Gehörgängen findet.

Natürlich drängt sich zunächst der Verdacht auf, es könne sich hierbei um eine späte Rache der Engel handeln, doch Verrohung hin oder her, so tief kann kein Engel sinken, gleich, wie übel ihm mitgespielt worden ist.

Die Antwort nach dem »Warum?« ist eine viel näherliegende, nämlich die, welche für sämtliche bisher behandelten und noch zu behandelnden Aspekte gilt. Hier regiert ein anderes Glied der bekannten Truppe mit eiserner Hand.

Erbarmungslos senkt sich aus den Sprinklern, den in die Decken der Kaufhäuser montierten Weihnachtsfreudenverbreitungsanlagen nicht rieselnder, sondern zähflüssiger

1 = Christmas Dudel Walkman

Schnee, der durch Ohren wie durch Poren ins Hirn dringt, dem »Alien« gleich, um von seinen Opfern Besitz zu ergreifen, sie auszusaugen und willenlos zu machen.

Man kann die Gefahr gar nicht hoch genug einstufen, sei ungläubigen Lesern gesagt. Die Statistik weist beachtliche Umsatzunterschiede nach, je nachdem, ob gerade »O du fröhliche« oder »Süßer die Glocken« verbreitet wird.

Die Wahl der rieselnden Weisen ist von Abteilung zu Abteilung verschieden, selbstverständlich nicht ohne Grund. In der Fitneßabteilung beispielsweise wird garantiert häufig »Laßt uns froh und munter sein« gespielt, allerdings nur die erste Strophe.

In der Bettenabteilung hingegen setzen die Strategen gezielt die zweite Strophe ein, die bekanntlich beginnt mit »Wenn ich schlaf, dann träume ich«.

Die Spirituosenabteilung, eigens zu den Feierverkaufstagen erweitert, lädt zum inneren Aufwärmen ein, indem dort verkündet wird »In den Herzen ist's warm, still schweigt Kummer und Gram«. Die Perfidie ist klar. Wer eine volle hochprozentige Dröhnung intus hat und sternhagelvoll ist, wird sich den Teufel um Kummer und Gram scheren. Wie sollen die auch reden können, wenn der Mensch, in dem sie stecken, selbst nichts mehr herausbringen kann – außer vielleicht Rülpsen oder Erbrechen.

»Kling, Glöckchen« ist der Standardsong in der Fahrradabteilung, und die Kinder- bzw. Spielzeugabteilung kann folgerichtig nur mit »Ihr Kinderlein, kommet« beschallt sein.

In der Heimtierabteilung, ebenfalls zum Fest erweitert, heißt es zwar etwas unpassend »Es ist ein Roß entsprungen«, aber der Beschaffung desselben über die hauseigene Bestellabteilung steht nichts entgegen.

Wo Musikinstrumente unters Volk gebracht werden sollen, ist die zweite Strophe der vom Himmel hoch kommenden Engel – wie geschunden diese auch sein mochten – allemal gut, indem konsequent die Aufforderung ergeht: »Kommt ohne Instrumente nit!«

Dem Kerzen- und Weihnachtsbaumzubehörabsatz überaus zuträglich ist – na klar: »Wie wird dann die Stube glänzen von der großen Lichter Zahl« (übrigens ein Tip: Wer sich trotz aller Warnungen traut, den Ohrenschutz entfernt und einmal genau hinhört, wird da eine raffinierte Textänderung bemerken, nämlich: »... von der Lichter großen Zahl«! Kein weiterer Kommentar.)

Beschließen wir den ersten Teil in der traurigen Gewißheit, daß es kein Entrinnen gibt – vor den Weisen wie vor allem anderen, so lange keine Folgerungen gezogen werden, an die sich Forderungen schließen müssen. Darum geht es im zweiten und dritten Teil.

II. Teil

FOLGERUNGEN

Die Öko-Weihnacht

Wie üblich fand man keinen Konsens auf der Fraktionssitzung, was die wirklich entscheidenden Fragen anbelangte.

Benni Raschmann, selbst von Parteifreunden gefürchteter Wortführer der Spontifraktion in der Fraktion, wandte sich entschieden gegen den von Harry Bieseldorp sorgfältig ausgearbeiteten und nachdrücklich vorgetragenen Gesetzentwurf, wonach das Rodeln in Wüstengebieten künftig nur noch bis zum 15. März erlaubt sein sollte.

»Nicht mit mir, mein lieber Harry!« rief Benni diesem erregt zu.

»Nenn mir auch nur einen Grund dafür, warum nicht, mein lieber Benni«, entgegnete Harry nicht minder erregt.

Der nachfolgende Schlagabtausch endete erwartungsgemäß mit einem Patt, mithin einer Vertagung des brennenden Problems. Und dies, obwohl Harry im Namen der von ihm vertretenen Realofraktion in der Fraktion Zugeständnisse zu machen bereit war. Es begann mit einer Datumsrücknahme auf den 28. Februar, einer Korrektur also, deren negative volkswirtschaftliche Folgen sogar Hardliner des Fundiflügels erschreckt hätten, wäre es denn zu einem Kompromiß gekommen.

Doch der kam aus mancherlei Gründen nicht zustande.

Arno Eigentlich, verwitterungsfestes Urgestein und seit Jahren knickfeste Säule der FundiÖkos, verwies zunächst auf die danach zu erwartende Zunahme eines Krötensterbens von nie gekanntem globalem Ausmaße und erklärte sich nur unter der Voraussetzung (unter Vorbehalten) zur Unterstützung (unter Vorbehalten) des Entwurfes bereit, wenn das Datum mindestens in die Nähe des 15. Januar gerückt werden würde.

»Warum gerade in die Nähe des 15. Januar, Arno?« wollte Benni wissen, dem zum Erstaunen aller in der kurzen, aber bewegten Geschichte der Partei die Spontaneität noch immer nicht abhanden gekommen war.

»Weil ungefähr um diese Zeit das Krötenerwachen beginnt«, erklärte Arno Eigentlich.

»Na und?« mischte sich Harry Bieseldorp ein.

»Das hohe Schmurgel-, Surr- und Sirrgeräusch der Schlittenkufen würde ein vorzeitiges Ablaichtrauma auslösen, und das wäre …«, Arno schluckte sichtlich bewegt von der Vision, die er vor Augen sah, »eine Katastrophe.«

Benni schaute ihn stirnrunzelnd an. »Verstehe ich nicht, ehrlich. Warum?«

»Typisch!« herrschte der sonst so ruhige und besonnene Arno Eigentlich ihn an. »Von nichts eine Ahnung, aber immer seine Fragen dazugeben!«

»Bitte, lieber Arno«, warf Harry ein. »Komm zurück zur Sache.«

»Kein Wasser«, sagte Arno mit mühsam beherrschter Stimme. »Kein Wasser in der Wüste. Der Laich würde in der sengenden Sonne austrocknen und …«

»Okay!« Benni hob seine Hände. »Das leuchtet ein. Ich denke, wir sollten dann den 15. Januar …«

»Moment«, fuhr Arno Eigentlich fort, »ohne geregelten Kat ist mit uns nichts zu machen. Außerdem verlange ich im

Namen meiner Fraktion, daß nur noch holzfrei gerodelt werden darf, überdies die Geschwindigkeit bei Fahrten durch geschlossene Dünen auf 50 km/h begrenzt und das Durchfahren von Wanderdünen generell verboten wird!«

Es war nicht weiter verwunderlich, daß nach diesen Forderungen totales Chaos ausbrach, das erst gut zehn Minuten später ein Ende fand.

»Ich darf die Stellungnahme meiner Fraktion wie folgt zusammenfassen«, erhob Muthgard Scheffler-Dürrmeier von den Realökos bebend ihre Stimme. »Im Punkte holzfreies Rodeln schließen wir uns eurer Forderung an, weil wir darin unseren schon immer vertretenen Standpunkt nach effektiven Maßnahmen zum Schutze der Regenwälder wiederfinden ...«

»Hört, hört!« war aus den hinteren Reihen der Spontigruppe zu hören.

»... und auch der geregelte Kat könnte«, fuhr Muthgard Scheffler-Dürrmeier unbeirrt fort, »unsere Unterstützung finden, obwohl wir da ganz erhebliche anders gelagerte Probleme mit schwerwiegenden Folgen auf uns zukommen sehen ...«

»Natürlich!« kommentierte Harry Bieseldorp trocken.

»... jedoch keinesfalls – und ich wiederhole und betone, keinesfalls!«, Muthgards Stimme drohte zu kippen, »finden die 50 km/h in geschlossenen Dünen unsere Zustimmung! Wir verlangen ...« Wieder begann ein Tumult in einer Lautstärke auszubrechen, gegen den Muthgard Scheffler-Dürrmeier sich nur durch Schreien ins Mikrofon durchzusetzen vermochte: »... eine Begrenzung von 30 km/h und ein generelles Rodelverbot in Krötenwohngebieten!«

Viereinhalb Stunden und drei Tagesordnungspunkte weiter – darunter der Antrag zur Einsetzung eines Arbeitsausschusses zur Vorbereitung einer Arbeitskommission zwecks Erarbeitung der Entwurfsvorlage einer Absichtserklärung, welche das Mitspracherecht der Einzelfraktionen im Hinblick auf die Neuordnung der Gesetzesänderungsvorschlagsregelungsinitiative zum Schutze des ungezeugten Lebens betraf – begannen die Delirierten mit einer Grundsatzdiskussion über Weihnachten.

»Es kann nicht angehen«, sagte Arno Eigentlich anklagend, »daß wir uns alle Jahre wieder vor diesen Konsumkarren spannen lassen und damit wider unsere eigenen Überzeugungen handeln.«

»Im Prinzip richtig!« kam es überraschend zustimmend aus der Spontiecke.

»Genau!« hallte es nicht minder beifällig aus dem Realogestühl.

»Völlig deiner Meinung, Arno!« dröhnte es aus den Reihen der Fundis.

Ob soviel unerwarteter Gemeinsamkeit, verschlug es Arno Eigentlich die Stimme.

Harry Bieseldorp, der Realosprecher, nutzte die entstehende Pause, ihn aufzufordern, das Gesagte zu präzisieren, Beispiele zu nennen und Vorschläge zu machen.

»Zunächst einmal finde ich, daß, wenn wir das Schenken überhaupt belassen wollen, ein Geschenk völlig reicht«, setzte Arno Eigentlich an.

»Meinst du damit«, wollte Benni Raschmann wissen, »ein Geschenk, das Jahr um Jahr aufs neue verschenkt wird?«

»Genau dies«, nickte Arno.

Fraktionsübergreifend beifälliges Gemurmel war im Saal zu hören.

»Ein Einmalgeschenk bedeutet«, führte Arno Eigentlich aus, »Schonung wertvoller Rohstoffe, wie beispielsweise Papier, womit ich hier natürlich vor allem Geschenkpapier

NIEDE

meine, aber auch Grußkarten. Weniger Kraftstoff- und Energieverbrauch, weil das Einkaufen entfällt …«

Rufe des Staunens mischten sich in das Gemurmel.

»… womit nicht nur ein entscheidender Beitrag zur Verkehrsberuhigung geleistet, sondern vielmehr der alljährliche Innenstadtverkehrskollaps verhindert, die Unfallquote vermindert und zudem eine Reduzierung der Schadstoffemisson bewirkt wird …«

Vereinzelt wurden entzückte Jubelrufe laut.

»… und nicht zuletzt«, erklärte Arno Eigentlich abschließend, »diente dies in gesundheitlicher Hinsicht allen Betroffenen, da durch den Wegfall einkaufsbedingter Hektik die Zahl Streßgeschädigter erheblich sinken würde.«

Nie gekannter Beifall brandete auf. Einige Delirierte umarmten sich in freudiger Verzückung, andere führten Veitstänze auf den Tischen aus. Eine Gefühlswoge gewaltiger Solidarität schwappte durch den Saal.

Nachdem sie sich halbwegs verlaufen hatte, trat Muthgard Scheffler-Dürrmeier wieder ans RednerInnen-Pult.

Sie lächelte die Versammelten an. »Meine lieben Freunde«, sagte sie. »Ich finde, daß das, was unser lieber Arno Eigentlich gesagt hat, beweist, daß wir auf dem richtigen Wege sind. Doch ich finde auch, daß noch viel radikalere Schritte nötig sind und möglich wären …«

»Schieß los, Muthgard!« forderte Benni die Sprecherin der Realökos auf.

Muthgard schoß, solchermaßen ermuntert, los. »Ich fordere, wir sollten uns für die Einführung des Einmalweihnachtsbaumes stark machen.«

»Tolle Idee!« war von mehreren Hinterbänklern zu hören.

»Konkret also …?« hakte Harry Bieseldorp wie gewohnt sehr sachbezogen nach.

»Natürlich ein Baum für alle Feste. Das wäre eine Anschaffung für Generationen, von denen besonders die Sozialschwachen profitieren würden ...«

»Moment«, wandte Reggi Wasschon von den Fundis ein, »mal abgesehen von deiner etwas unglücklichen Wortwahl – wie stellst du dir denn die Lagerung vor?«

»Ganz einfach«, erwiderte Muthgard Scheffler-Dürrmeier, »in biologisch dynamisch tiefsttemperierten Kühlhäusern, riesigen Weihnachtsbaumkühlhäusern, zentral in jeder Stadt ...«

»Wahnsinn! Irre!« erschollen Einzelrufe.

»... womit bundesweit die Ökobaukonjunktur angekurbelt und allein in dieser Branche Tausende neuer Arbeitsplätze geschaffen werden würden ...«

Frenetisches Klatschen unterbrach Muthgard, die dieses nach Sekunden, die sie natürlich genoß, mit einer Handbewegung unterband, um dann fortzufahren: »... ganz zu schweigen von weiteren Tausender Arbeitsplätze nach Fertigstellung der Kühlhäuser.«

Fasziniert bewunderndes Schweigen senkte sich für einen Sekundenbruchteil auf die Deliriertenversammlung, bevor neuerlicher Beifall aufbrandete, der in stehende Ovationen ausartete.

»Schließlich würde ein Verbot von Weihnachtsliedern«, erklärte Muthgart Minuten später mit selig-glücklichem Lächeln, »nach meiner Auffassung eine konsequente Ergänzung der von Arno Eigentlich artikulierten Vorschläge zur Verbesserung der Volksgesundheit darstellen ...«

»Wieso dies?« sah sich Benni Raschmann, der schließlich einen Ruf zu verlieren hatte, genötigt zu fragen.

»... die Zahl der Hörgeschädigten würde ebenso radikal zurückgehen – das beweisen vorliegende Untersuchungen eines unabhängigen Instituts – wie die durch das Sentimentalitätsgedudel ausgelösten. Fälle von Depressionen mit Spätfolgen, die ja das ganze Jahr über anhalten«, schloß Muthgart Scheffler-Dürrmeier triumphierend, um daraufhin Platz zu nehmen.

Der Sprecher der kleinen Gruppe von Realspontis, Siggi Sämmtlich, folgte ihr ans Pult ...

Als die Versammlung sich im frühen Morgengrauen aufzulösen begann, schwirrten den Teilnehmern die Köpfe, was sie jedoch nicht daran hinderte, die Weihnachtsdiskussion in kleinen und kleinsten Gruppen fortzusetzen.

Das erstaunte nach den zahllosen weiteren eingebrachten Vorschlägen, Anregungen, Korrekturen, Meinungen, Forderungen und Anträgen überhaupt nicht. Darunter hatte es gar Stimmen gegeben, die im Überschwang der Begeisterung im Hinblick auf Weihnachtseinsparmaßnahmen der aufgehaltenen öffentlichen Hand ständige Wiederholungen im Fernsehen forderten.

Den Höhepunkt aber stellte zweifelsfrei die Forderung der Systemrealos nach grundsätzlicher Abschaffung des Weihnachtsfestes dar, mit der diese aber allein blieben, was sie in ihrer Meinung bestärkte, im falschen Verein zu sein, und sie veranlaßte, geschlossen auszutreten.

»Also, echt, Willi«, sagte Harry Bieseldorp an der Tür zu Wille Angler, dem Sprecher der Skeptirealos, der die ganze Zeit geschwiegen hatte, »du mußt zugeben, daß das alles sehr vielversprechend klingt.«

»Das finde ich auch«, pflichtete Willi ihm bei. »Aber weißt du, Willi, was ist an Weihnachten schon realistisch?«

Uns ist ein Kindlein längst verstorb'n

Aus der erschreckenden Fülle der vorgelegten geballten Fakten und Informationen läßt sich eine ebenso erschreckende Fülle nachzulegender Folgerungen ziehen.

Gewiß, die oben formulierte mutet kühn an, gibt aber – dies nebenbei – in mancherlei Hinsicht Grund zur Hoffnung (davon später mehr oder weniger).

Vergegenwärtigen wir uns zunächst noch einmal den beginnend mit dem »Ende einer Legende« und der »wahren Weihnachtsgeschichte« geschilderten Sachverhalt, an den sich alles andere ja logisch knüpft.

Da liegt also dieses verkündete hilflose Kind, das überhaupt nicht weiß, wozu es mißbraucht werden soll und wird, und sich zu allem Überfluß auch nicht wehren kann. Dieses Kind (bezeichnenderweise Christkind benannt) wäre wider alle Regeln und Gesetzmäßigkeiten der Natur dazu verurteilt, ein Kind zu bleiben. Und das über gut und gern zwei Jahrtausende!

Zugestanden ist, daß immer wieder vermittelt wird, nichts sei unmöglich. Aber dieser Zustand ist, mit Verlaub gesagt völlig unmöglich. Das Kind müßte nämlich spätestens beim sechsten Durchgang das Zeitliche gesegnet haben.

Dafür gibt es vielfältige Gründe: Zunächst einmal kommen Tod durch Ersticken in dem Luxuskinderbett oder Selbsterdrosselung in Folge gelöster ultrasaugfähiger Windeln infrage. Nicht minder schlüssig wäre ein Verscheiden durch hemmungslose Überhäufung mit Geschenken. Wer je einmal einem Baby, darauf läuft es ja endlich hinaus, ein Geschenk auf den Kopf geworfen hat – und sei es noch so klein, etwa die Modelleisenbahnanlage, die Papa sich schon immer gewünscht hat – weiß, daß akute Gefahr für einen frühzeitigen, wiewohl unbeabsichtigten Exitus besteht.

Denkbar wäre ebenfalls ein durch fortwährendes Begrapschen bedingtes Eingehen. Die Rumfummelei, begleitet von penetrantem »Dudu« und »Dada« und »Didi«, ist bekanntlich jedem Baby zuwider.

Ebenso schlüssig scheint, daß ein Bestaunen über einen derart langen Zeitraum tödliche Folgen habe müßte. Wer auch nur einmal eine Nacht wachgelegen hat in dem vergeblichen Bemühen einzuschlafen, weil der Fernseher des Nachbarn oder die Stereoanlage zu laut aufgedreht war, wird wissen, was damit zum Ausdruck gebracht werden soll.

Für alle die, die es nicht wissen: Das Kind kommt nicht zur Ruhe, vegetiert noch eine Weile vor sich hin und wirft dann die Windel. Was nach annähernd zweitausend schlaflosen Nächten wohl mehr als klar sein dürfte.

Ferner lassen sich ohne große Mühe aus dem Geschilderten und den Weihnachtsbegleitumständen zahlreiche mögliche Infektions-, Gefahren- und Krankheitsherde schließen, die unausweichlich zum Ende führen müssen.

Die dauerberieselnden Weihnachtslieder etwa bewirken wie dargelegt Taubheit. Da diese schon bei abgestumpften Erwachsenen binnen kürzester Zeit eintritt, läßt sich an den Fingern einer Hand abzählen, welche Chancen ein Kleinkind hat.

Auch eine überdurchschnittliche, wenngleich frühreife Anpassungsgabe sowie wacher Verstand haben katastrophale Folgen, nämlich ein Irrewerden an ständigen Wiederholungen von nicht eingehaltenen Versprechen.

Überhaupt würde es langfristig durch den ganzen Weihnachtsschmäh und die damit verbundene Einlullerei zu einem geistigen Dämmerzustand kommen, einer Art Weihnachtskoma, aus dem es kein Entrinnen mehr gibt. Damit ist übrigens zugleich jener durchaus reale Zustand beschrieben worden, der alljährlich bei vielen Betroffenen – Kindern wie Erwachsenen – beobachtet werden kann.

Schließlich seien noch vier Todesursachen kurz erwähnt, die durchaus im Bereich des Möglichen liegen. Weihnachtswirbel löst schon nach kurzer Zeit Wahnsinn aus. Gleiches bewirkt Kinderfesttagsnahrung auf Rindfleischbasis.

Überfütterung wäre ebenso denkbar. Und schließlich genügt die Wucht eines umstürzenden Weihnachtsbaumes durchaus, um ein Kind zu erschlagen.

Zusammengefaßt also: Das Kind muß – woran auch immer – längst verstorben sein, woraus zu schließen ist, daß uns Jahr um Jahr neue Doubles präsentiert werden. Und nichts anderes tut die Weihnachts-Mafia ja.

Weihnachtsfriede ist unmöglich!

Welche friedensverhindernden Begleitumstände alljährlich auf uns einwirken, dürfte zu einem kleinen Teil bereits aus vorangegangenem Abschnitt deutlich geworden sein. Bedauerlicher-, wiewohl naheliegenderweise gibt es aber unzählige andere Fakten, die die Folgerung der Unmöglichkeit von Weihnachtsfrieden zulassen.

Führen wir uns kurz vor Augen, was denn gemeinhin unter Friede zu verstehen ist. Es handelt sich dabei um einen Zustand innerer wie äußerer Ruhe und Gelassenheit, bar jeder Kampfhandlungen, der den Status der Unversehrtheit von Körper, Geist und Seele gewährleistet. Dies schließt im Hinblick speziell auf das hier behandelte Weihnachtsfest das Erreichen absoluter Spitzenwerte von Freude-, Glückseligkeits- und Hallelujagefühl[1] ein.

Wie in der Faktensammlung unter verschiedenen Gesichtspunkten dargelegt, ist dies jedoch nicht der Fall, obzwar die Weihnachts-Mafia eben jenen, den Gemütszustand einschließenden Frieden für definitiv erreichbar erklärt.

1 Siehe dazu unter Fakten: »Stichwort Nächstenhiebe«

Dahinter steckt, so muß man folgern, ebenfalls Methode. Welche?

Hier sei der Leser zum Nachdenken über jene Faktoren aufgefordert, die bei subjektiver wie objektiver Betrachtung nicht bloß als friedensstörend gewertet werden müssen, sondern vielmehr konsequent die Mobilmachung für den unausweichlichen Weihnachtskrieg einleiten!

Krieg? O ja! Machen wir uns nichts vor. Weihnachten ist Krieg, ein gnadenloser, unerbittlicher, vernichtender, weltweit geführter Krieg, in dem es Abermillionen Opfer gibt, die sich idiotischerweise als Sieger wähnen.

Und damit zu den nachdenkenswerten Faktoren. Dabei handelt es sich um unscheinbare Kleinigkeiten, die der arglose Normalweihnachter nicht oder allenfalls mit einem geringschätzigen Schulterzucken zur Kenntnis nimmt, weil sie ihm selbstverständlich erscheinen.

Mutmaßlich wird dem einen oder anderen Leser die sogenannte Weihnachtsglückwunschkarte vertraut sein. Für diejenigen, die sie nicht kennen, hier eine Kurzbeschreibung. Man stelle sich ein zumeist rechteckig geformtes Stück festen Papiers vor, dessen eine Seite (als Vorderseite bezeichnet) mit allerlei kitschig-bunten Geschmacklosigkeiten verunziert ist. Das Spektrum reicht von Weihnachtsmännern, pausbäckigen Engeln, Krippen und verschneiten Landschaften bis hin zu naiven Gemälden aus Künstlerhand. Im allgemeinen sind diese Darstellungen ergänzt um so einfallsreiche, sinnschwere und inhaltsvolle Texte wie »Frohe Weihnachten« oder »Frohes Fest« oder »Gesegnete Weihnacht«.

Die andere Seite (richtig, diese wird als Rückseite bezeichnet) bietet Raum für nicht minder einfallsreiche, sinnschwere und inhaltsvolle ergänzende Mitteilungen, die der Absender individuell gestalten kann. Dieses Spektrum reicht von schlichten und doch beseelten Verballeistungen wie »wünscht Dir/Euch/Ihnen/ Dein/Euer/Ihr« bis hin zu literarischen Kabinettstückchen wie »wünschen von ganzem Herzen« oder »verbunden mit der Hoffnung, daß alle Wünsche in Erfüllung gehen mögen«.

Um dem Empfänger nachdrücklich zu vermitteln, daß vorderseitig Gezeigtes und hinterrücks Geschriebenes auch ernst gemeint sind und um keinen Zweifel (oder sehr viele) an der Identität des Absenders aufkommen zu lassen, pflegen die meisten Verfasser ihre Werke zu signieren, was einen zusätzlichen Wert schafft.

Das so liebevoll anmutende Versenden einer oder mehrerer solcher Karten ist nichts anderes als ein Akt der Aggression, der auf nichts anderes hinauszielt, als den Empfänger, der sich in der Sicherheit und Ruhe von Weihnachtsfrieden wähnt, brutal aus diesem zu reißen und zu einer Reaktion zu zwingen. Dergestalt nämlich, daß dieser sich in einen tiefen Gewissenskonflikt gestürzt sieht, der ihm keine andere Wahl läßt, als Gleiches mit Gleichem zu vergelten.

Dieses harmlos beginnende Kartengeplänkel, auch als »Glückwunschguerilla«[2] bezeichnet, bildet den Auftakt für weit massivere Formen der weihnachtlichen Auseinandersetzung, die schließlich zum eigentlichen Krieg eskalieren.

Dazu gehört das Versenden der Karten, was durch Aufgabe derselben an einem Postamt erfolgt, wo man – was wenig erstaunt – sich davon überzeugen können wird, daß die Mobilmachung bereits voll im Gange ist. Mehr noch: Die kriegführenden Parteien sind entschlossen dabei, sich

2 Glückwunschklein- oder Glückwunschbandenkrieg

zu formieren und leichte, mittlere und schwere Waffen (Briefe, Päckchen oder Pakete) in Schalterstellung zu bringen.

Der unvermeidliche Körperkontakt im Gedränge auf dem Postamt macht physisch spürbar, daß Krieg in der Luft liegt, und da und dort mag es vielleicht zu ersten kleineren handgreiflichen Auseinandersetzungen kommen – Schubsen und Gerangel –, die auf größere schließen lassen.

Als in der Tat kriegerische Akte mit dem erklärten Ziel, dem Gegner Schaden zuzufügen, dürften sowohl der Erwerb wie auch das Überreichen von Geschenken zu bewerten sein. Es steht außer Frage, daß der Erwerb derselben mit schwersten Kampfhandlungen verbunden ist und das Überreichen keinem anderen Zweck dient, als eine Gegenreaktion zu erzwingen. In gar nicht so seltenen Fällen führt dies auf beiden Seiten zur GAE[3], was dahingehend katastrophale Folgen hat, als der Krieg nach den stillen Feiertagen seine Fortsetzung findet, wo er angefangen hat. In den Kaufhäusern nämlich, an den Umtauschkassen.

Auf die ausführliche Darlegung anderer, nicht minder kriegerischer Begleitumstände sei verzichtet, bestätigen sie doch alle nur die tragische Folgerung, mit der dieses Kapitel überschrieben ist.

3 Größte annehmbare Enttäuschung

Nehmen ist billiger als Geben

Zugestanden: Diese Überschrift mag so plausibel anmuten, daß der Einwand berechtigt wäre: »Na und? Weiß doch jedes Kind!« Aber nicht doch. Der Schein trügt nämlich. Denn bei genauer Betrachtung dürfte unschwer klar werden, daß es eine Wechselbeziehung zwischen Nehmen und Geben gibt, die mal das eine, mal das andere teuer oder billiger macht. Und natürlich gibt es dann noch die Vermeintlichkeit des billigeren Nehmens, die sich am Ende als teures Geben entpuppt. Nicht nachvollziehbar?

Vergegenwärtigen wir uns zur Verdeutlichung folgende Standardsituation: Der angehende Weihnachtsguerillero greift im Kaufhausdschungel von hinten das Regal seiner Wahl an, um Beute zu machen. Dem entnimmt er also naheliegenderweise etwas. Das ist billig. Womit nicht der Preis, sondern der Vorgang als solcher gemeint ist.

Infolge der ausgeklügelten und höchst raffinierten Sicherheitssysteme der Kaufhäuser, die zur Weihnachtshauptkampfzeit zusätzlich eine Heerschar von Einzelkämpfern namens Detektiv beschäftigen, bleibt selbst dem zu allem entschlossenen Guerillero keine andere Wahl, als zur Kasse zu schreiten, wo er zu geben hat. Den Gegenwert für seine Beute nämlich – in bar oder unbar. Womit der bewußt formulierte Widerspruch sich als gegenstandslos aufgelöst hat, dahingehend, als der Vorgang des Nehmens tatsächlich billiger war.

Aber das sind Spitzfindigkeiten.

Im vorangegangenen Kapitel wurde gefolgert und darauf verwiesen, daß das Entgegennehmen von Geschenken unausweichlich mit einem Geben als Gegenreaktion verbunden ist. Es sei denn, der oder die Empfangende gibt in diesem heftig wogenden Krieg auf, klein bei und gesteht seine/ihre Niederlage als Folge von Unvermögen oder Unwillen ein und verzichtet auf die erwartete Gegenwehr. Das hat, dies am Rande, wiederum Folgen, die indes so logisch sind, daß sie hier keiner weiteren Behandlung bedürfen.

Zusammengefaßt läßt sich aber sagen: Das vermeintlich billigere Nehmen bedingt unausweichlich das Geben. Was einer Wiederherstellung des zuvor als gegenstandslos aufgelösten Widerspruchs zum Widerspruch gleichkommt.

Das ist wirklich kompliziert, doch Sie wurden vorgewarnt!

Eine weitere Standardsituation kompliziert das Folgern noch mehr. »Nehmen wir einmal an«, ist eine recht geläufige, wenngleich nicht unbedingt artikulierte Formulierung bei bestechlichen Zeitgenossen (und dies nicht nur zur Weihnachtszeit!) für einen durchaus billigen Vorgang, wiewohl der moralisch nicht gebilligt werden kann und darf.

Doch auch dieses Nehmen fordert umgekehrt ein Geben, was allerdings faktisch tatsächlich billiger ist, dahingehend als das, was als Gegenleistung gegeben wird, nicht im Besitz des Nehmers ist.

Die naheliegende umgekehrte Formulierung, also »Geben wir einmal an«, dürfte äußerst selten zu hören sein, obwohl das, was damit gemeint ist, häufig Anwendung findet. Beispielsweise auch, um sich gegen den an anderer

Stelle erwähnten Arm der Weihnachts-Mafia – das Finanzamt – zu wehren. Sofern man Weihnachtsmanns genug dazu ist.

Das bedeutet: Man gibt eben irgend etwas an, ohne Rücksicht darauf, ob es stimmt. In diesem Fall ist nun paradoxerweise das Geben billiger als das Nehmen. Oder ist das überhaupt nicht paradox, sondern zwingend logisch?

Wie auch immer. Begeben wir uns mit dem vorletzten Beispiel für die nicht zwingende, aber immerhin denkbare Richtigkeit der frohweihnachtlichen Folgerung in den Dunstkreis der Mathematik. Hat jemand schon einmal gehört, daß es bei irgendwelchen Berechnungen heißt »Genommen sei«? Ausgangsbasis ist doch wohl stets »Gegeben sei x gleich usw.«.

Daran knüpft eine zwar interessante, aber völlig unwichtige Frage, die nämlich, ob das Nehmen des Gegebenen in diesem Falle absolut billiger ist. Na, schön. Nehmen wir das mal an.

Schließlich – und das hat weitaus mehr mit unseren Folgerungen zu tun, als man glauben möchte – noch eine Standardsituation, die all diejenigen an den Rand des Wahnsinns treiben wird, die sich bemühen, mit den hier dargelegten, mehr philosophischen Gedankengängen Schritt zu halten.

Einmal angenommen, jemand hat zu Weihnachten ein Geschenk genommen. (Unwichtig bei dieser Betrachtung sei, ob der oder die Betreffende im Gegenzug etwas gibt.) Dieses Nehmen nehmen wir als gegeben hin. Nehmen wir weiter an, daß zufällig ein Besucher kommt, dem das Genommene ausnahmsweise stolz präsentiert wird. (Wird mit etwas Genommenem angegeben, so ist dieses womöglich teuer!) Nehmen wir schließlich an, der Besucher äußere sich zu dem Genommenen.

Er kann dies auf eine Art tun, die sowohl sein Mißfallen zu dem als auch seinen Neid auf das Genommene zum Ausdruck bringt, durch die schonungslos direkte Frage nämlich: »Wo gibt's denn so was?« Einmal angenommen, er findet das Genommene nicht gut, ist das negativ und, wiewohl nicht höflich, so doch durchaus billig. Das Gegebene also.

Möchte der betreffende Besucher das Genommene aber ebenfalls besitzen, ist die Aussage positiv und wiederum billig, ohne daß das Gegebene billig sein muß – unter dem Gesichtspunkt Preis betrachtet.

Bleibt unausweichlich eine interessante Alternative hinsichtlich der Meinungsäußerung im Hinblick auf Gegebenes und Genommenes, nämlich wenn etwa eine Frau, die mit dem Ex-Freund ihrer Freundin liiert ist, dieser jenes Geschenk zeigt, das er ihr zum Feste hat zukommen lassen. Die Reaktion auf das Gegebene wird naheliegenderweise sein: »Woher hat er das dann genommen? Dafür hat er aber bestimmt nicht viel ausgegeben.« Was bedeutet: Sie findet das Nehmen ebenso billig wie das Geben. Womit wir beim Anfang unserer Folgerungen wären und eigentlich nur der Griff zur Pistole bleibt ... und der Übergang zum folgenden Kapitel in sich logisch ist.

Warum der Weihnachtskollaps unvermeidlich ist

Beim Lesen der Überschrift werden Sie vielleicht erkannt haben, was gerade gemeint war. Dennoch ist nicht auszuschließen, daß Sie den hier dargelegten Folgerungen Ihre Billigung verweigern oder, anders gesagt, um diesen Gedanken noch nachzutragen, sie nicht als gegeben hinnehmen. Sollten Sie aber!

Was ist ein Kollaps? Nicht mehr und nicht weniger als ein Zusammenbruch des Kreislaufes, »ein Versagen«, so das Lexikon, »bei dem die Ausgleichsmöglichkeiten des Organismus nicht mehr ausreichen, um eine Durchblutung der lebenswichtigen Organe (Herz, Gehirn, Niere, Nebennieren) zu gewährleisten. Die zirkulierende Blutmenge ist für das gesamt Gefäßbett zu gering, um eine genügende Füllung zu erreichen. Die akute Verarmung an Blut im Gehirn führt zur Ohnmacht … Besonders ist der Kollaps nach längerem Stehen bekannt.«

Nein, natürlich bezieht sich die Folgerung nicht darauf, daß das Weihnachtsfest kollabiert. Wie sollte das vor dem faktischen Hintergrund (Weihnachts-Mafia-Netzwerk, organisiertes Versprechen, etc.) auch möglich sein?

Der Unvermeidlichkeit des Weihnachtskollapses kann sich der einzelne nicht entziehen, was die Definition wohl eindeutig ergibt. Fraglos findet die notwendige Durchblutung in breitesten Schichten der Bevölkerung zur sechsten Jahreszeit tatsächlich nicht mehr statt, denn anders ist der ganze Rummel nicht zu erklären.

Die Feststellung, daß die akute Blutverarmung im Gehirn zur Ohnmacht führt, bestätigt nichts weiter als das, was im Faktenteil dargelegt wurde, so harsch und barsch dies auch klingen mag.

Fälle von Kollabieren nach langem Stehen sind für die fröhliche, selige Weihnachtszeit mehr als typisch, was natürlich seine Ursache darin hat, daß es übermäßig viele Stehmöglichkeiten gibt, worauf an anderer Stelle verwiesen wurde (zur Erinnerung: auf Rolltreppen, an Kassen, in öffentlichen Verkehrsmitteln, im Stau usw.).

Man spricht übrigens auch von einer Kreislaufsynkope, wenn man Kollaps meint. Auf die Kapitelüberschrift umgemünzt, können wir also völlig zu Recht von einer unvermeidlichen »Weihnachtssynkope« sprechen.

Interessanterweise versteht man in der Musik unter Synkope ja die Bindung eines leichten Taktteils auf einen schweren oder, verständlicher, eine Verschiebung der Betonung.

Welch Wunder! Auch diese musikalische Kollapsdefinition trifft hundertprozentig zu. Unvermeidlich.

Womit wir zur letzten Folgerung kommen ...

Ein Baum wird geplündert

Von geradezu monumentaler Tragik im gesamten Weihnachtskriegsgeschehen ist zweifellos die Rolle, die der Christbaum spielt. Nicht nur – der Verweis auf den Faktenteil sei wiederum erlaubt –, weil er als Lustobjekt mißbraucht wird und seine Verwendung in der bekannten Form ja einem völlig dämlichen Mißverständnis verdankt, sondern vielmehr auch, weil er am Ende der Leidtragende ist, hilflos Brutalitäten über sich ergehen lassen muß wie kein anderes Wesen.

Ein Zyniker könnte sich zu der Anmerkung veranlaßt sehen »Na und? Was des einen Freud, ist des anderen Leid!«, womit das jämmerliche, grausame Schicksal des Geschundenen höchst treffend erfaßt ist.

Mit Entsetzen wird hier gröbster Spott getrieben. Auch diese Folgerung drängt sich auf, vergegenwärtigt man sich die Infamie, die hinter all dem steckt. Da wird zunächst Baum um Baum unter blendenden Vorwänden und mancherlei Versprechungen aus dem heimischen Wald gelockt, jedem einzelnen geschmeichelt, er sei der Schönste, der Größte, der Grünste.

Hätten die Weihnachtsbäume eine Chance, Zugang zu H. C. Andersens Werken zu bekommen – sie würden sich die Entscheidung gründlich überlegen. Doch so schenken alle, wie sie da stehen, der Erwartung einer märchenhaften, einmaligen Karriere Glauben.

In der Tat, einmalig ist sie, am ehesten vergleichbar der vom Millionär zum Tellerwäscher. In diesem Fall vom Tannenbaum zum Brennholz.

Nur: Naivität oder Blaunadeligkeit kann man dem Weihnachtsbaum nicht zum Vorwurf machen, mit Ausnahme vielleicht der einen oder anderen Blautanne.

»Gut und schön«, mag da eingeworfen werden, »es ist ein zwar kurzes, dafür aber um so großartigeres Leben, dessen positive Seiten nicht übersehen werden dürfen.«

Dieser Einwand, der sich fraglos auf den prächtigen Zierrat bezieht, auf Lametta, allerlei Kugeln und Schleifen, an den Zweigen befestigtes Naschwerk und ähnliches mehr, zeugt einmal mehr von der grundsätzlichen, leider so weit verbreiteten, nadelbaumverachtenden Einstellung.

Kümmert es irgendwen, wie der so beladene Baum leidet, dessen Zweige sich unter der Last biegen? Wohl seltenst. Was darauf schließen läßt, daß es nicht interessiert. Die Selbstverständlichkeit, dies sei hinzugefügt, mit der ausgerechnet Kugeln (!) an den Baum gehängt werden, ist angesichts der diesen innewohnenden Symbolik bestürzend. Ist doch die Kugel nichts weiter als Ausdruck für Gefangensein, Unfreiheit, den Sträfling, an dessen Knöchel sie angebracht ist, um ihn festzuhalten! Mithin finden Jahr um Jahr mit Billigung hoher und höchster Stellen Abermillionen Freiheitsberaubungen statt. Ein abscheulicher Gedanke, der alles Feierliche ad absurdum führt.

Das Individuum Baum zählt nichts – diese Folgerung ist logisch –, das kurze sinnliche Vergnügen des Betrachters alles.

Diese baumverachtende Einstellung mag mit ein Grundproblem unserer Zeit sein. Die Tatsache indes, daß es so ist, entbindet den einzelnen aber keineswegs von der sozialen Verantwortung für den ihm anvertrauten Weihnachtsbaum.

Unvereinbar mit der Grundaussage des Festes – stimmte sie denn – ist, daß dieses ein rapides Ansteigen der Obdachlosenquote von Weihnachtsbäumen bewirkt. Wer sich je einmal nach den Feiertagen in den einschlägigen Vierteln der Städte bewußt umschaut, muß entsetzt über das Bild verwahrloster, ja verelendeter Bäume sein, die im wahrsten Wortsinne geplündert sind, ihres Schmuckes beraubt, ihrer Nadeln entledigt.

Hier drängen sich weitere Fragen auf, mit denen sich endlich einmal die maßgeblichen Politiker aller Parteien befassen müssen. Etwa: Warum gerade die Nadelbäume, Tannen und Fichten? Warum nicht zum Beispiel Birken, die überdies wegen des Wassers, das sie lassen, auch noch gut für die Haare sind? Oder wie steht es mit Buchen, die man doch suchen soll?

Dem einen oder anderen mag dies vielleicht zu überspitzt erscheinen. Wer aber auch nur ein wenig nachdenkt, wird die Richtigkeit des Dargelegten zugestehen müssen und sich diesen grundlegenden Gedanken anschließen.

An dieser Stelle sei eine kurze Atempause gegönnt, bevor jene Forderungen formuliert werden, deren Realisierung vielleicht, wirklich nur vielleicht, das möglich macht, was Anliegen dieses Buches ist, nämlich: Weihnachten zu überleben!

Das Fastfest

Die beiden ungleichen und einander doch so ähnlichen Freunde hatten nie geheiratet. Nicht etwa, weil es Gesetze gibt, die das verhindert hätten, oder weil sie sich schämten, ihre Neigung offen kundzutun, nein, es lag wohl mehr daran, daß sie die Frau fürs Leben nicht hatten finden können.

Dies war die Tragödie ihres Lebens. Eine Tragödie indes, aus der schon früh eine Passion erwuchs, die sie verband. Ihre Leidenschaft galt der Erforschung der letzten großen Geheimnisse des allumfassenden Kosmos, des Universums, mit dem sie sich eins fühlten und in dem sie sich zugleich als Sonderlinge begriffen. Das trug zur gelegentlichen Vertiefung der Tragik bei, die sie allerdings trotz allem ins Positive umzukehren verstanden.

Was die Ungleichheit betraf, so war Galileo Galli klein und dünn, schwarzäug- und -haarig und von südländischem Temperament, Nikolaus Kapiernikus hingegen von großem Wuchs und mächtiger Statur, blauäugig und blondhaarig und dem Wesen nach nordländisch kühl.

Die Ähnlichkeit fand ihren inneren Niederschlag in ihrer Denkweise, aus der fast identische Theorien über die Mechanik des Himmels, der daran befindlichen Gestirne und die Konsistenz der Dinge erwachsen waren. Es gab keine anderen Menschen, die diesen so beeindruckenden Denkmodellen hätten folgen können, selbst wenn sie gewollt hätten.

Das Thema, das Galileo und Nikolaus am Heiligen Abend wieder einmal beschäftigte, war ein nicht näher definiertes, unter mancherlei Gesichtspunkten phänomenales Gebilde. Dieses Etwas, den Terminus technicus benutzten die beiden Freunde, sollte – sofern man den verfügbaren Informationen Glauben schenken konnte – vor nunmehr zwei Jahrtausenden auf einen Ort namens Betlehem zugeflogen und exakt über diesem reglos verweilt sein.

Ein Ding der Unmöglichkeit, wie beide fanden, da es jedweder Himmelskörpermechanik und allen Gesetzen der Schwerkraft widersprach.

Nach monatelangen Diskussionen waren Galli und Kapiernikus zunächst zu der übereinstimmenden Auffassung gelangt, daß dieses vermeintliche Verweilen nichts weiter als eine optische Täuschung gewesen sein könne.

Dann aber hatten sie die, wenngleich winzige Möglichkeit in Betracht gezogen, daß vielleicht eine bisher unbekannte gigantische kosmische Kraft dieses Verweilen bewirkt habe. Am Ende waren beide bereit, dieses Denkmodell zu tragen und Zweiflern gegenüber, hätte sie es denn gegeben, zu vertreten.

Völlig überraschend hatte Kapiernikus am Morgen des heutigen Heiligabend Galli seine sorgfältigen Berechnungen präsentiert, mit denen besagtes Modell auf eine wissenschaftlich gesicherte Basis gestellt war.

»Mein Weihnachtsgeschenk für dich, alter Freund Galli«, erklärte Kapiernikus freudestrahlend und beobachtete vergnügt, wie dieser die Berechnungen in Windeseile nachrechnete. Galileo nickte immer heftiger und war schon im Be-

griff, am Ende Nikolaus auf die Schulter zu klopfen, wäre nicht unerwartet wieder die Spur eines Zweifels aufgetaucht.

»Und du meinst, du hast wirklich keinen Fehler gemacht?« fragte Galli.

»Keinen! Die Formel ist völlig korrekt und absolut plausibel, Galileo, schau doch mal her und folge mir«, erklärte Nikolaus und führte wieder die Rechnung mit vielen Bekannten und noch mehr Unbekannten aus, die dies bewies.

Galileo Galli folgte ihm. Zur Mittagsstunde des Heiligen Abends waren beide von der Rechnerei völlig erschöpft.

»Laß uns etwas essen«, schlug Galileo vor. »Ich lade dich zur Feier des Tages und natürlich wegen deiner großartigen Leistung ein. Worauf hast du Appetit?«

»Um ehrlich zu sein, ich würde zu gerne einmal in eines dieser neumodischen Fastfood-Restaurants gehen, die in letzter Zeit so beliebt sind«, gestand Kapiernikus.

»Den Wunsch erfülle ich dir doch gern«, erwiderte Galileo Galli, verschwieg dabei allerdings, daß er diese Art von Kost überhaupt nicht schätzte. Die Erklärung dafür war, daß er vor Jahren einmal in aller Öffentlichkeit seine Meinung hinsichtlich der Qualität vertreten hatte. Darauf war er nicht nur aus dem betreffenden Restaurant hinausgeworfen worden, sondern hatte auch noch auf Druck von höchstrichterlicher Stelle widerrufen müssen. Das saß tief. Dennoch hielt er sein Versprechen.

So saßen denn die beiden Freunde keine Viertelstunde später in einem der besagten Gourmettempel, die aus gegebenem Anlaß weihnachtlich dekoriert waren. Die Anmutung war ähnlich fast wie das servierte Food.

»Mmmh«, meinte Kapiernikus nach einem vorsichtigen Probierversuch, »sooo schlecht wie ich dachte, ist das gar nicht.«

Er blickte auf, weil Galileo Galli nicht antwortete, und

stellte zu seinem Erstaunen fest, daß dieser auf seinen Pappteller starrte.

»Hungert's dich nicht, mein Freund? Du hast deinen Burger ja nicht einmal angerührt«, meinte Nikolaus Kapiernikus.

»Hmmm«, brummte Galileo Galli geistesabwesend. »Ich bin mir nicht ganz sicher, was dieses Ding anbelangt, aber irgendwie habe ich das Gefühl, als bewege es …«

»Galileo, Alter! Fang nicht wieder damit an«, bat Nikolaus. »Wir waren uns doch einig und haben die Geschichte gemeinsam durchgerechnet. Was muß ich denn noch tun, um dich zu überzeugen?«

»Da gibt's nichts zu überzeugen«, erwiderte Galileo Galli überraschend scharf. »Betrachte das doch mal genau aus meiner Warte, dann wirst du sehen, daß ich recht habe …«

»Wie bitte?« fragte Kapiernikus verdutzt. »Das verstehe, wer will. Ich jedenfalls nicht.« Er legte Messer und Gabel auf den Tisch und schaute Galli an.

»Ja«, erklärte Galileo Galli, den Blick noch immer auf seinen Teller gerichtet. »Ich habe recht. Wie damals. Und er bewegt sich doch!«

»Waaas sagst du?« Nikolaus Kapiernikus schlug so heftig mit einer Faust auf den Tisch, daß einige Fastfooder sich zu ihnen umdrehten. »Aus den Berechnungen ging klar hervor, daß unter den gegebenen Voraussetzungen der Himmelskörper …«

»Himmelskörper?« Galileo Galli hob erstaunt den Blick und schaute Nikolaus an. »Wer redet vom Himmelskörper? Ich meinte den Hamburger. Und er bewegt sich doch!«

Wie Kapiernikus einige Wochen nach Weihnachten vor Gericht als Zeuge bestätigte, hatte Galileo Gallis Feststellung den Tatsachen entsprochen. Und Galileo Galli war damit rehabilitiert. Diesmal mußte er nicht widerrufen.

III. Teil

FORDERUNGEN

Was hat ein Bläßhuhn mit Weihnachten zu tun?

Die Folgenschwere seines epochalen Einfalls war Woldemar Borteschil an jenem 19. Juli, der ausgerechnet auf einen Sonntag fiel, mitnichten bewußt. Letzteres ist zwar für den Fortlauf der Geschichte völlig unwichtig, sei aber der Vollständigkeit halber angemerkt, weil es nicht allzu viele 19. Julis gibt, die auf Sonntage fallen.

Borteschil betrachtete, wie so oft an unerträglich heißen Sommersonnentagen, gedankenverloren die Wasservögel, die sich in Ufernähe des kleinen Sees tummelten.

Die quälende und keineswegs überraschende Frage, die ihn beschäftigte, war: »Was schenke ich Isolde diesmal zu Weihnachten?«

Isolde, Verwandte und Freunde der Familie Borteschil wissen das natürlich, ist oder besser war Woldemars Frau. Eine Frau mit gewaltigen Ansprüchen, hoher Erwartungshaltung und einer ausgeprägten Vorliebe für das extrem Außergewöhnliche, wie hinzugefügt werden muß. Was die Weihnachtsgeschenküberlegungen Woldemars an einem heißen Sommertag verständlicher machen mag.

Der Einfall, den Woldemar hatte, kam – wie Einfälle es so an sich haben – aus heiterem Himmel. Um 14: 31: 57 Uhr Ortszeit für alle diejenigen, die es genau wissen wollen.

In eben diesem Augenblick nämlich fiel Woldemar Borteschils Blick auf ein Bläßhuhn, das sich ihm vertrauensvoll näherte und arglos im Grase pickte, einen Regenwurm am Kopf- oder Schwanzende erwischte und daran konzentriert zu zupfen begann, ohne auf seine Umgebung zu achten.

Das hätte es besser lassen sollen, da Woldemar beglückt aufschrie: »Das ist es! Ich hab's! Ich hab's!«, von der Bank aufsprang und einen Freudentanz aufführte.

Dadurch erschreckt, ließ das Bläßhuhn, das ja nicht die geringste Ahnung von den Auswirkungen seiner bloßen Anwesenheit hatte, den Regenwurm los und kehrte, so schnell es sein Gang erlaubte, in sein bevorzugtes Element zurück.

Ob der sich bereits verloren geglaubte Regenwurm es Woldemar gleichtat und einen Freudentanz oder ein Freudenschlängeln aufführte, ist nicht bekannt. Es ist aber anzunehmen.

Nach Beendigung seines Freudentanzes begab Woldemar sich auf direktem Wege zu seinem besten Freund Isidor Kalmatzke, um diesen beglückt von seinem Geschenkeinfall in Kenntnis zu setzen und zu konsultieren.

Hier sei angemerkt, daß Isidor ständiger Gast und intimer Kenner des Hauses Borteschil war und die dreiunddreißigjährige Ehe von Woldemar und Isolde immer sehr intensiv begleitet hatte. In mancherlei Hinsicht.

»Mensch, Isidor, du wirst es nicht glauben«, eröffnete Woldemar diesem freudestrahlend. »Ich bin auf ein Weihnachtsgeschenk gekommen, das Isolde garantiert begeistern wird.«

»Ich höre«, erwiderte Isidor gespannt.

»Ich werde Isolde ein Fulica atra schenken!« erklärte Woldemar stolz und sah Isidor beifallheischend an.

Der nickte erwartungsgemäß. »Mein Lieber, ich finde die Idee einfach riesig. Was ist es?«

»Was?«

»Dieses Fulica atra.«

»Ein Bläßhuhn, natürlich, wie jedermann weiß.« Woldemar stutzte befremdet.

»Ah, richtig. Ein wirklich außergewöhnliches Geschenk, das Isolde gewiß große Freude bereiten wird. Verrate mir aber bitte eines: Wieso ist deine Wahl ausgerechnet auf ein Bläßhuhn gefallen?« Als Isidor darauf Woldemars Blick fragend auf sich gerichtet sah, fuhr er fort: »Wäre nicht vielleicht ein Teichhuhn origineller?«

Woldemar brauchte nicht lange zu überlegen. »Nun ja«, schüttelte er den Kopf. »Natürlich habe ich über die Sache gründlich nachgedacht und zunächst auch ein Teichhuhn in Erwägung gezogen. Aber die Vorteile, die diesem gegenüber ein Bläßhuhn bietet, sind doch enorm.«

»Hmm«, machte Isidor und kratzte sich sein Kinn. »Und welche Vorteile bietet ein Bläßhuhn?«

»Da ist zunächst einmal der beträchtliche Größenunterschied. Das Bläßhuhn kann es gut und gern auf fast einen halben Meter bringen.«

»Donnerwetter«, staunte Isidor Kalmatzke.

»Ja. Dagegen nimmt sich ein Teichhuhn doch ziemlich mickerig aus, findest du nicht?«

Isidor nickte heftig.

»Dann das Problem der Überwinterung, verstehst du?« stellte Woldemar Borteschil sachkundig fest. »Bei einem Teichhuhn wäre diese mit beträchtlichem Aufwand und nicht unerheblichen Reisekosten verbunden.«

»Wohin?« warf Isidor kurz ein.

»Natürlich Nordafrika«, erklärte Woldemar. »Eine, wie du weißt, teilweise recht gefährliche Gegend.«

Dem mußte Isidor beipflichten.

»Auch bei der Ernährung liegen die Vorteile eindeutig

beim Bläßhuhn. Woher sollte ich im tiefsten Winter Insekten oder Würmer für ein Teichhuhn besorgen?«

»Eine sehr wichtige und kluge Überlegung«, fand Isidor.

»Das schönste aber ist ...«, erklärte Woldemar Borteschil und legte eine Pause ein, um die Spannung zu steigern.

»Das schönste aber ist ...?« fragte Isidor höchstinteressiert.

»... daß so ein Bläßhuhn bis zu fünfzehn Eier legt!« verkündete Woldemar stolz.

»Fünfzehn Eier!« wiederholte Isidor beeindruckt.

»Ja, fünfzehn! Hellviolett mit kleinen schwarzen Flecken. Das gibt was her.«

»Und das Teichhuhn?« fragte Isidor, der es genau wissen wollte.

Woldemar winkte ab. »Vergiß es. Allenfalls acht. Und dazu noch gelblich mit rostbraunen Flecken. Ekelhaft!«

»Geradezu widerlich«, fand auch Isidor. »Du hast recht, mein Lieber, alles spricht für das Bläßhuhn. Ich glaube, Isolde wird sich riesig freuen.«

»Findest du wirklich?« fragte Woldemar.

»Ehrlich«, erklärte Isidor.

»Mein lieber Freund«, sagte Woldemar und ergriff gerührt Isidors Hand, »ich danke dir von Herzen.«

Isidor nickte stumm bewegt.

Am Heiligen Abend harrte Isolde erwartungsvoll der Bescherung. Diesen Eindruck jedenfalls mußte ein unvoreingenommener Beobachter gewinnen.

Die Frau mit den gewaltigen Ansprüchen und der wie bereits erwähnt ausgeprägten Vorliebe für das extrem Außergewöhnliche, hatte nämlich eigens zu diesem Anlaß ihr Meerjungfrauenkostüm angelegt, welches ihre überaus eleganten Beine durch die Schuppen und die abschließenden Flossen hinreißend betonte.

Woldemar, der wußte, was er seiner Frau schuldig war, hatte einen mit viel Mühe gesuchten und noch mehr Liebe und Sorgfalt ausgewählten Trompetenbaum festlich als Weihnachtsbaum geschmückt.

»Ich habe eine wundervolle Überraschung für dich, mein Liebling«, verkündete Woldemar Borteschil stolz, als die beiden sich dem Baum näherten, dessen Trompeten stimmungsvoll »Stille Nacht« intonierten. Er wies auf den großen Karton, der davorstand.

Isolde bewegte sich mit aufreizendem Hüftschwung – Folge des wirklich sehr enganliegenden Meerjungfrauenkostümrocks – zu diesem und bückte sich, soweit es der Rock erlaubte, ohne ihn zu überspannen.

»Hilf mir, Woldemar«, forderte sie ihren Mann auf.

Der half und klappte mit lässiger Geste den Karton auf. Mit einem verständlicherweise erregten Schrei schoß das Bläßhuhn heraus, denn es hatte gut zehn Stunden kein Wasser mehr gesehen, geschweige denn gespürt.

Eine gewisse Blässe überzog Isoldes Gesicht, als sie zu schwanken begann und ohnmächtig zu werden drohte.

Woldemar, der sie auffangen konnte, bevor sie auf den Boden aufschlug, deutete das falsch. »Freust du dich so sehr, mein Liebling?« strahlte er.

»Du … du bist ja wahnsinnig! Ich habe es schon immer gewußt, aber du bist wahnsinnig. I – ich lasse mich scheiden!« kreischte Isolde zu Woldemars Erstaunen. »Ich bleibe keine Minute länger in diesem Haus.«

So endete dieses Weihnachtsfest für Woldemar Borteschil auf eine Art, die an jenem 19. Juli, als ihn der Einfall durchzuckt hatte, unabsehbar gewesen war.

Isolde ließ ihrer Drohung die Tat folgen und verließ die eheliche Wohnung trotz fortgeschrittener Stunde in Eile.

Woldemar, erfüllt von dem Gefühl, versagt zu haben, entging, daß Isolde sowohl einen Koffer mitnahm, der fertiggepackt bereitgestanden hatte, als auch das Bläßhuhn.

Und während Woldemar noch ebenso verzweifelt wie vergeblich Antwort auf die Frage suchte, ob es vielleicht nicht doch richtiger gewesen wäre, Isolde mit einem Teichhuhn zu erfreuen, lag diese selig in Isidors Armen.

»Und es wird wirklich fünfzehn Eier legen?« fragte Isolde, den Blick beglückt auf das Pärchen gerichtet. Ihr mitgenommenes Bläßhuhn und der Bläßhahn, den Isidor ihr geschenkt hatte, waren damit beschäftigt, unter dem Weihnachtsbaum ein Nest zu bauen.

»Ja«, erwiderte Isidor, »fünfzehn hellviolette Eier mit kleinen schwarzen Flecken.« Er begann geschickt, Isoldes Bluse aufzuknöpfen, verständliche Folge des Umstandes, daß er einunddreißig Jahre lang die Ehe von Woldemar und Isolde in mancherlei Hinsicht sehr intensiv begleitet hatte.

»Oh«, strahlte Isolde, »wie ich mich darauf freue. Das wird ein tolles Rührei werden!«

Im Zweifel für den Angekohlten

In längst vergangenen, alten Zeiten, die noch welche waren, wie es ja so treffend mit »Das waren noch Zeiten!« zum Ausdruck gebracht wird, damals also, als der massive Druck der Weihnachts-Mafia noch nicht absolut war, hatten die Menschen eine andere Einstellung zu den Dingen. Zwar keine bessere, aber eine andere. Das allein ist entscheidend.

So sollen denn drei Aussagen von Volkesmund diesen Forderungskatalog einleiten, in dem – nicht von ungefähr – der Weihnachtsbaum den ersten Platz einnimmt.

Diese alten Weisheiten lauten: »Gebrannter Christbaum scheut die Weihnacht!«, »Zu viele Kerzen sind des Weihnachtsbaumes Tod!« und »Der Baum nadelt so lange beim Feste, bis es brennt!«

Es sind zugegebenermaßen sehr einfache, sehr schlichte Grundwahrheiten, wie so manches, was der Volksmund von sich gibt. Und doch machen ihr Wahrheitsgehalt und die eigentlichen, darin verborgenen Aussagen betroffen, da sie praktisch eine jahrhundertealte Vorwegnahme der Forderungen bedeuten.

Vornan sollte jene stehen, die im asiatischen Raum, der ja als eine der Wiegen unserer Kultur zu begreifen ist, seit

Jahrtausenden erfüllt ist, nämlich: Schafft die Schonung ab!

Wer einmal frühlings, sommers, herbstes oder winters besinnlich durch die Wälder fürbaß geschritten ist, den wird ein ahnungsloses Grauen beim Anblick der jungen, kraftstrotzenden, wilden Bäume überkommen haben, die sich da und dort drängten und den Menschen herausfordernd, kühn und trotzig musterten.

Die Bäume waren sich ihrer Überlegenheit bewußt, was seine Ursache darin hatte, daß die überaus effektive, uralte asiatische Kampfkunst »Hei-Li-Ge-Nacht«, einer der Vorläufer des bei manchen Menschen der Weihnachtsmoderne so beliebten »Un-Fug«, von Generation zu Generation weitervermittelt wurde.

Diese Kunst diente ausschließlich der Selbstverteidigung und hat bis auf den heutigen Tag zur Folge, daß kein Asiat – ob Japaner, Chinese, Koreaner, Thai usw. – auch nur auf die Idee käme, sich eines Weihnachtsbaumes zu bemächtigen. Das kann verstehen, wer einmal die verheerenden Folgen eines wurzelschlagenden Baumes am eigenen Leibe erfahren hat.

Aus Gründen die im angeborenen friedfertigen Wesen der Bäume zu suchen sind, ergänzt um das durch Weisheit erkannte und Meditation vertiefte Harmoniebedürfnis mit aller Kreatur, hatten die erwachsenen Bäume eigens zum Schutze des Menschen vor ihren wilden Sprößlingen Schonungen geschaffen. Der Nachwuchs wurde praktisch umzäunt und eingegittert, um tätliche Übergriffe zu verhindern.

In den Flegeljahren der Weihnachtsbäume fielen diese Tätlichkeiten vergleichsweise harmlos aus, waren mehr als Streiche zu betrachten, etwa in Form von Nadelpieken oder Zapfenabwerfen. Doch mit dem Heranwachsen und vor

Beginn der Einsicht kam es oft genug zu schlimmsten, folgenschweren Attacken, von denen der »Kahlschlag« der bekannteste sein dürfte. Hunderttausende glatzentragender Mönche legen davon noch heute beredt Zeugnis ab.

Dennoch: Die Bäume ließen dem gierigen Menschen Schonung angedeihen. Heute wissen wir, wie fehl diese Sanftmut am Platze war und zu welch katastrophalen, ja selbstzerstörerischen Folgen sie führte.

Deshalb nicht nur die Forderung »Rettet die Weihnachtsbäume!«, sondern zu allererst »Schafft die Schonung ab!«

Das erfordert sicherlich ein Umdenken bei den Bäumen, besonders Vertretern der älteren Generation, denen das Friedlichkeitsprinzip ja in Holz und Harz übergegangen ist, und dürfte wohl kaum kurzfristig die notwendigen Folgen bewirken. Auf lange Sicht indes werden sich die hackwütigen Menschenhorden nicht mehr in die Wälder waten, wenn sie erst einmal zu spüren bekommen haben, wie es ist, wenn die Weihnachtsbäume schonungslos über sie herfallen.

Nun mag mancher Leser fragen, was es denn mit der Kapitelüberschrift für eine Bewandtnis hat. Dazu die folgenden Ausführungen.

Im Laufe der langen Weihnachtsgeschichte haben sich einzelne Bäume immer wieder verzweifelt zu wehren versucht, wenn ihnen bewußt wurde, was da eigentlich geschah, wenn sie merkten, daß ihre Langmut ausgenutzt wurde.

Möglich ist das nur, weil trotz der hereditären Paxdominanz im Grundgewebe eine, wenn auch geringe Zahl sogenannter revolutionärer Zellen blieb. Diese hatten sozusagen ihr Heim im Stamm (was übrigens ausschlaggebend für die Wahl von »Stammheim« als Unterbringungsort für die menschlichen revolutionären Zellen war).

Extreme Streßsituationen, in die Weihnachtsbäume etwa durch das Entzünden von Kerzen und Verbrennen von

Wunderkerzen gebracht werden, trugen und tragen zur Aktivierung dieser Zellen bei. Sie bewirken einen sogenannten Taxinstoß im Baum, der diesen hochgradig giftig macht, vergleichbar dem Adrenalinstoß beim Menschen, und unberechenbare Reaktionen zeitigt.

Eine davon ist das plötzliche Entflammen, was natürlich nichts anderem als einem Kamikazeunternehmen, einem Selbstmordkommando also gleichkommt und Stubenbrände zur Folge hat.

Zu denken geben sollte, daß der Mensch hier bestialische Selbstjustiz übt und entweder zu Wasser oder Decken greift, um den verzweifelt brennenden Baum zu löschen. Natürlich keineswegs in der Absicht, ihm zu helfen, wie man es von kultivierten und zivilisierten Wesen erwarten sollte – das widerspräche dem Prinzip der Selbstjustiz –, sondern um dann erst, nach neuerlicher Leidensphase, mit dem Verstümmelten, dem Schwerverletzten, eben dem Angekohlten kurzen Prozeß zu machen.

Wie zuweilen bekannt wird, gibt es sogar Fälle von Lynchjustiz, in denen ein aufgebrachter Mob, eigens in bezeichnenderweise roten, blauzuckenden, heulenden Wagen herangekarrt, über die hilflos lodernden Opfer herfällt, um ihnen den Harzaus zu machen.

Die Rechtsprechung, gäbe es sie denn, weist hier eine empfindliche Lücke auf, die zu schließen wiederum die Politiker aufgefordert sind.

Vor dem Hintergrund schließlich der Baumverbrennungen großen Stils, die an die schreckliche und doch längst überwunden gewähnte Zeit der Hexenverfolgungen bzw. deren Verbrennung erinnern, öffentlichen Massenhinrichtungen vor hemmungslos tanzendem, jubelndem Pöbel, ist deshalb die Forderung »Im Zweifel für den Angekohlten« zu sehen.

Rettet die Christbaumkerzen

In einer nicht nur durchaus vergleichbaren, sondern weit ausweglosseren Situation befinden sich Christbaumkerzen, unabhängig von Art, Rasse, Geschlecht, Farbe oder Größe. Der Einwand, sie würden ja eigens zum Abbrennen geschaffen, mag andererseits eine gewisse Berechtigung haben, birgt aber andererseits einen eklatanten Widerspruch. Er liegt in der Herkunft der Kerzen begründet.

Wie jedermann weiß, wurden vor Jahrhunderten mit viel Mühe und Fleiß Manufakturen eingerichtet, deren einzige Aufgabe darin bestand, Kerzen zu ziehen, was seinen Niederschlag in der anderen Bezeichnung »Kerzenziehanstalt« gefunden hat.

Sie sind am ehesten vergleichbar jenen bürgerlichen Bildungsanstalten, in denen Menschenkinder, über lange Jahre bekanntlich »Zöglinge« genannt, nicht nur im übertragenen Sinne gezogen wurden. Nein, diese nahmen Form, Gestalt, mithin Persönlichkeit an, waren gleichsam wie Wachs in den Händen ihrer Erzieher (ecce!).

Nicht anders die Kerzen, die ja aus Wachs oder Paraffin gezogen werden.

Die eigentliche Tragik – die Übereinstimmung der Wortwahl mit einem Weihnachtsbaumkapitel ist natürlich beabsichtigt – der Christbaumkerzen liegt darin, daß man ihnen in den Kerzenziehereien einen Docht gibt, an dem sie gezogen werden.

Das könnte man widerspruchslos hinnehmen, enthielte der Docht nicht eine Seele, die konsequenterweise zu der Folgerung führt, daß eine Kerze ein beseeltes Wesen ist. Dieser Umstand eben – das Schaffen von etwas Belebtem, Beseeltem aus zuvor lebloser Materie nur zum Zwecke anschließender Tötung (eingeleitet durch die Entzündung der Seele) – scheint nicht nur widersinnig und unvereinbar mit allem, was gemeinhin unter Menschlichkeit zu verstehen ist, sondern muß als makaber, als grausam bezeichnet werden.

Es mutet wie höhnische Prophetie an, wenn der Dichter einmal fast andächtig sagte »Die Kerze – Wachs in des Menschen Hand«. Fürwahr.

Die Perfidie dieser Doppeldeutigkeit muß man sich einmal bewußt machen. Da wird einerseits eine Beschreibung gegeben, welche die Formbarkeit des Materials zum Ausdruck bringt und indirekt auf das Ende des Zöglings verweist, und zugleich erfolgt die eindeutige Aufforderung an die Kerze, zu wachsen! Das verstehe, wer will.

Und selbst, wenn es verstanden werden könnte – läßt sich daraus ein Recht auf willkürliche Zerstörung des Geschaffenen ableiten? Ein Schaffensprozeß bloß um der Vernichtung willen kann wohl kaum im Sinne des großen, kosmischen Planes liegen und schon gar nicht Sinn und Zweck der Weihnacht sein, wenn es diesen denn auf höherer, anderer Warte je tatsächlich gegeben haben sollte.

Man weiß, daß die Christbaumkerzen alles in ihrem Wachs Stehende versuchen, sich der sinnlosen Vernichtung zu widersetzen. Die heißen Tränen aber, die sie vergießen, bleiben ungesehen, ebenso wie die fein knisternden Stimmchen ihrer Seelen ungehört bleiben, die mit winzig sprühenden Funken im brennenden Dochte um Erbarmen bitten.

Es nimmt nicht wunder, wenn die Erkenntnis der Ausweglosigkeit ihrer Situation zuweilen verzweifelt auflodern und ein flammendes Inferno entfesseln, indem sie eine Schicksalsgemeinschaft mit dem eingehen, der sie trägt – eben dem Weihnachtsbaum.

Solch Widersinn kann und darf in unserer Gesellschaft, die doch stets vorgibt, sich um den Artenerhalt zu sorgen, künftig keinen Platz mehr haben. Deshalb die Forderung »Rettet die Christbaumkerzen«.

Doch wer weiß, vielleicht stehen die Chancen nicht so schlecht, ist die Lage nicht ganz ausweglos, denn immerhin haben sie ja eine beachtliche verwandte Lobby im Parlament. Mehrere Leuchten von Politikern, auch wenn diese – relativ gesehen – nur kleine Lichter sind.

Entlarvt die Weihnachtsmänner

Mit der Penetrierung, Erhaltung und Pflege der frommen Mär vom Weihnachtsmann und seinem direkten Vorbild, dem Nikolaus, sind seit Jahrhunderten sowohl ahnungs- wie auch gewissenlose Handlanger jener Gesellen befaßt, die hinter dem organisierten Versprechen stehen.

Der gabenbringende Bartträger ist eine Kultfigur, zugleich Symbolgestalt für den Weihnachtswahnsinn in seinen vielfältigen Ausprägungen, besonders für das Schenken.

Diesen Tatbestand wird man selbst bei oberflächlichster und unkritischster Betrachtungsweise anerkennen müssen.

Indes trüge der Schein, den diese vermeintliche Lichtgestalt mit ihrem hinlänglich bekannten Outfit vermittelt, von der sich Kinder wie Erwachsene gleichermaßen blenden lassen und auf diese hereinfallen.

Zugestanden sei, daß es zuweilen ein gewisses Ahnen darum gibt, wer oder was tatsächlich dahintersteckt. Doch selbst diejenigen, denen das Ahnen fast zur sicheren Gewißheit geworden ist, verzichten aus mancherlei Gründen, die wir hier nicht näher untersuchen wollen, weil sie nicht Gegenstand unserer Betrachtung sind, auf Aufklärung und Weitergabe ihrer Erkenntnisse. (Etwas, das zum

Nachdenken, der geistigen Auseinandersetzung Anlaß geben sollte!)

Hinter weißem Wallewallebart und ebenso weißem, lockigem Haar, der unverbindlich aufdringlichen Freundlichkeit, rotem Mäntelchen, schwarzen, hochglanzgewichsten Stiefeln und Sack auf dem Rücken verbirgt sich gänzlich anderes. Und das muß endlich enthüllt werden, um die weihnachts- und weihnachtsmanngläubige Menschheit vor weiteren irreparablen Schäden zu bewahren.

Aus Gründen des Kinder- und Jugendschutzes und zugleich, um einer Indizierung dieses Buches vorzubeugen, müssen wir notgedrungen auf die eigentlich notwendige sprachliche Offenheit, Direktheit und Unverblümtheit ebenso verzichten, wie wir uns versagen wollen, geschmacklose Zweideutigkeiten zu formulieren.

Das zwingt zu einer unverfänglich entlarvenden thematischen Behandlung auf anderer Ebene, mithin der symbolisch-farbpsychologischen.[1]

Wenden wir uns also der sonderbaren Farbigkeit des Weihnachtsmannes zu, dem Rot – Weiß – Rot – Weiß – Schwarz, das natürlich willkürlich gewählt ist.

Für das Rot – die Kapuze nebst Mäntelchen – stehen zumindest zweierlei Erklärungen zur Auswahl, für die der interessierte Leser sich so oder so frei entscheiden mag, falls er denn noch zu Weihnachten der freien Entscheidung fähig ist.

---

1 An dieser Stelle die eindringliche Bitte an Leser mit unmündigen Kindern in deren eigenem Interesse: Es empfiehlt sich, die folgenden Seiten nach dem Lesen zu schwärzen, da Verfasser wie Verlag für etwa entstehende Schäden weder aufkommen wollen noch können!

Einmal steht das Rot für Wärme oder Hitze, was nicht unbedingt mit Herzlichkeit verwechselt werden sollte. Es dürfte viel wahrscheinlicher auch Rot sein, das für heiße Wut wegen zu vieler Überstunden und Streß steht, zumal Rot in der Deutung der altpersischen Drei-Klassen-Skala die Farbe der Krieger ist! Und die mitteleuropäischen Kulturen assoziieren mit ihr vornehmlich Blut. Dazu erübrigt sich wohl jedweder Kommentar!

Das so blitzsauber anmutende Weiß, das doch an Reinheit und Lauterkeit gemahnt, ist – in mosaischer Sicht – die Farbe der Erde, des Irdischen, Verworfenen, des Schlechten also. Da hilft es nur wenig, daß man in Mitteleuropa Weiß mit Friede gleichsetzt. (Im Gegenteil: Die schmalen Weißstreifen sind wohl hinreichendes Indiz dafür, welche Wichtigkeit dem »Frieden« tatsächlich beigemessen wird.) So nimmt es denn auch kaum wunder, sondern stellt vielmehr eine Bestätigung des bisher Gesagten dar, daß in Altmexiko Weiß die Farbe der Dämmerung war. Es ist die ja ausführlich geschilderte, unausweichlich folgende Düsternis, die der Weihnachtsmann einleitet.

Bleibt das Schwarz, das uns von seiner ganzen lichtverschlingenden Ausstrahlung an Nacht und Finsternis erinnert, wenngleich es uns glänzend daherkommt. Bei den afrikanischen Schwarzen steht es für Erde. Es ist die Farbe des Todes, der Trauer nach mitteleuropäischer Auffassung, aber auch die der Sünde und der Unreinheit.

Nicht von ungefähr ist das Schwarz beim Weihnachtsmann ganz unten angesiedelt. Zum einen symbolisiert es, wie wir gerade erfahren haben, den unsäglichen Dreck (Erde!), durch den er wissentlich watet und den er mit sich in unsere guten Stuben bringt (das kurbelt den Umsatz der Teppichboden- und Staubsaugerindustrie an), zum anderen, und dies ist das eigentlich Erschütternde und Ekelerregende, weil es so offen und doch zugleich tückisch verborgen zur Schau getragen wird, steht es für die Unreinheit des Weihnachtsmannes, seine kohlpechrabenschwarzen, ungewaschenen Füße!

Mit Rücksicht vor allem auf unsere Kinder und Kindeskinder: Entlarvt die Weihnachtsmänner!

Abschließend noch ein Hinweis für alle, die noch mehr entlarven wollen: Mit Hilfe eines umfassenden Buches über Symbolik wird es ihnen gewiß leichtfallen, die anderen hellen und doch so dunklen Elemente dieser Kunstgestalt richtig zu deuten!

Alle Jahre wieder …

»Na, Zackmann«, meinte Jupp Iglhuber, Juxtizbeamter in der idyllisch gelegenen Spaßvollzugsanstalt zu Einsitz ob der Zell, zu Häftling Edward Archibald Zackmann, »freuen Sie sich schon auf die Weihnachtsfeier?«

»Was soll ich dazu sagen, Herr Oberlachmeister?« erwiderte der Gefragte, der ein höflicher Mensch war. »Für mich ist es Jahr um Jahr das gleiche. Die gleiche Feier, der gleiche Pfarrer, die gleichen Lieder, die gleichen Witze, das gleiche Essen, die gleiche Bescherung, der …«

»Verstehe, verstehe.« Iglhuber, der im sechsten Jahr in der Vollzugsanstalt Dienst tat, nickte. Er wußte, daß Zackmann zwanzig Jahre abzulachen hatte. Knappe acht waren vorbei. »War keine gute Frage, was, Zackmann?« Er stellte die Frage jedes Jahr.

Zackmann zuckte gleichmütig die Schultern und gab die gleiche Antwort wie jedes Jahr: »Nein, Herr Oberlachmeister. Und um die erste Frage zu beantworten, ebenfalls nein. Freuen würde ich mich, wenn es endlich zur Wiederaufnahme meines Verfahrens käme und es gelänge, meine Unschuld zu beweisen. Aber das«, schloß er resignierend, »ist wohl aussichtslos. Die Welt will betrogen werden und sperrt sich gegen die Wahrheit.«

»Nun lassen Sie mal nicht gleich den Kopf hängen«, sagte Iglhuber tröstend. Auch das sagte er jedes Jahr, weil es zum Ritual gehörte. »Wer weiß, vielleicht geschieht doch noch ein Wunder.«

Zackmann erwiderte darauf nichts, sondern wandte sich von seiner Arbeit im Büro der Vollzugsanstalt ab, um zur Weihnachtsfeier zu gehen. Er hatte diese Vertrauensposition wegen erstklassiger Führung und seiner Fähigkeiten nicht ganz ein Jahr nach seiner Einlieferung bekommen.

Es war eine verantwortungsvolle Tätigkeit, da es ihm oblag, für die gewissenhafte Entfernung von Schmutz aller Art und Staub mittels eigens dafür in der Anstalt hergestellten Geräten zu sorgen.

Das humorlose Vergehen, dessen Zackmann vor nunmehr acht Jahren in einem Eilverfahren für schuldig befinden worden war, hatte für einen gewaltigen Medienwirbel gesorgt, wie Iglhuber sich gut und gern erinnerte.

Edward Archibald Zackmann, von Beruf Reporter – übrigens einer der besten seines Fachs – und seinerzeit in Dienst und Brot einer namhaften, mutigen Illustrierten, war auf ominöse Weise (er gab seinen Informanten und späteren Lieferanten unter Berufung auf das ihm als Journalist zustehende Aussageverweigerungsrecht nicht preis) in den Besitz von zwei Dokumentenproben gelangt, die aus der Feder des Weihnachtsmannes persönlich stammen sollten.

Die Proben, ausgerissene Seiten aus den Tagebüchern des Genannten, waren von einer inhaltlichen Brisanz, die Zackmanns Journalistenblut vor Entzücken in Wallung brachte.

Überzeugt von der Echtheit des Vorgelegten und erfüllt von dem Eifer und Ehrgeiz, seinem Magazin die Geschichte des Jahrhunderts, vielleicht gar des Jahrtausends exklusiv zu sichern (und sich den Pulitzerpreis), informierte er seinen Chefredakteur von der sensationellen Entdeckung. Der wiederum wandte sich ebenso euphorisch, wenngleich diskret, an seine Vorgesetzten, da die für die Lieferung der kompletten Weihnachtsmann-Dokumente geforderte Summe seine Budgetkompetenz weit überschritt.

Die Vorgesetzten wurden hellhörig (im Hinblick auf das Klingeln der Umsatzkasse infolge höherer Auflage) und gaben ihren Segen, vorbehaltlich des Ergebnisses einer Echtheitsprüfung durch zwei unabhängige Weihnachtsexperten und der Zusicherung absoluter Verschwiegenheit, bis der Coup – sollte es zu diesem kommen – gelandet war.

Zu Zackmanns Pech, so sah er es im nachhinein, fanden sich auch tatsächlich zwei Experten, wobei es sich bei dem einen um einen amerikanischen Gunsthistoriker, den Honorarprofessor Richard ›Dick‹ Icwyw[1], bei dem anderen um einen Finnen mit dem nördlich des Polarkreises weit verbreiteten Namen Jiffi Pahdarriporttipahnnankaajärvjokkiinenyläskistö handelte, der nach eigener Auskunft jahrelang beim Weihnachtsmann im Renbüro gearbeitet hatte.

Die beiden bestätigten, daß es sich bei den vorgelegten Dokumentenproben um Originale handelte, nachdem sie sich von der Echtheit der ihnen als Honorar überreichten Banknoten überzeugt hatten. Die Expertise, die Professor

1 Der Name hätte Zweifel an der Lauterkeit des Amerikaners auslösen müssen, wie Zackmanns Verteidiger im Prozeß vergeblich zur Entlastung seines Mandanten vorzutragen versuchte, denn dieser war ein raffiniert gewähltes Akronym von »I certify what you want«, auf deutsch also: »Ich beglaubige, was Sie wollen«. Die Richter ließen das nicht gelten, wahrscheinlich weil die Mutter des Amerikaners aus dem Jura stammte.

›Dick‹ Icwyw auch im Namen des Finnen den gespannt wartenden Managern in Anwesenheit Zackmanns und des Chefredakteurs vorlegte, bestand aus der eindringlichen Empfehlung »Cash & Carry«.

Daraufhin machte Zackmann den Deal mit seinem Informanten perfekt, der für die Lieferung der restlichen 186 Tagebücher (eines pro Jahr seit Bekanntwerden des Weihnachtsmannes) den, gemessen am Volumen, Spottpreis von 50 Mio. kassierte.

Indes bereitete der Verlag eine nie dagewesene Werbekampagne vor und ließ über Presse, Funk und Fernsehen die Meldung über den sensationellen Fund verbreiten. Auf einer eindrucksvollen Konferenz wurden die erworbenen Tagebücher den ungläubig staunenden Medienvertretern präsentiert, und zugleich wurde erklärt, »die Weihnachtsgeschichte müsse neu geschrieben werden«.

Nicht zuletzt diese Formulierung war es, die einige der Anwesenden zu der Überzeugung gelangen ließ, es handle sich um nichts weiter als die Wiederholung eines raffinierten Schwindels, auf den einige Jahre zuvor ein anderer Verlag hereingefallen war.

Und tatsächlich sollten die Skeptiker recht behalten: Eine flüchtig eingehende Prüfung durch das BWA[2] in Himmelpforten ergab, daß es sich zwar um Tagebücher handelte. Die indes enthielten überwiegend völlig banale Eintragungen wie »schon wieder kein Geld für die Miete«, »nichts im Kühlschrank«, »Konto überzogen« und dergleichen mehr.

Doch die Prüfung ergab eine andere, wenngleich kleiner dimensionierte Sensation, nämlich die, daß die brisanten

2 Bundesweihnachtsamt

Passagen, die Zackmann so heiß gemacht hatten, aus dem Manuskript eines bis dahin unveröffentlichten Enthüllungsbuches[3] stammten.

Das BIW schaltete darauf die BPfWGS[4] ein, die alles unternahm, um ein Erscheinen zu verhindern und es vorsorglich auf den Wunschindex setzte.

Blieb die Frage: Wer hatte den Schwindel inszeniert, dem Zackmann und die Verlagsgrößen aufgesessen waren? Ferner: Wer war der geheimnisvolle Informant und Lieferant? Und schließlich: Wer war der Fälscher, der so raffiniert selbst die anerkannten Flachleute hatte täuschen können?

Wie so oft bei der Aufklärung von Kapitalverbrechen, kam den Ermittlern der Zufall zu Hilfe. Aus dem fernen Finnland nämlich meldete sich eine Frau mit dem nördlich des Polarkreises in manchen Regionen nicht wenig verbreiteten Namen Pittii Vaskojärmabantililalusamoslahtistö, die am Fernseher die Übertragung der weltweit ausgestrahlten Konferenz verfolgt hatte, auf der auch jener Experte anwesend gewesen war, Jiffi Pahdarriporttipahnnankaajärvjokkiinenyläskistö nämlich, der nach eigener Auskunft den Weihnachtsmann und dessen Handschrift durch seine jahrelange Tätigkeit im Renbüro zu kennen behauptete.

Jiffi Pahdarriporttipahnnankaajärvjokkiinenyläskistö sei, wie Pittii Vaskojärmabantililalusamoslahtistö der Polizei weinend mitteilte, jener Mann, der sie beim beginnenden Zucken des mittsommerlichen Nordlichtes am Ufer des Inarisees verführt habe. Aus dieser von Moskitostichen begleiteten Vereinigung sei eines jener Kinder hervorgegangen, nach deren Vätern sie seitdem gesucht habe.

3 Hilfe, es weihnachtet sehr! von R. Knecht, was wohl sonst?
4 Bundesprüfstelle für weihnachtsgefährdende Schriften

Weiter erklärte Pittii Vaskojärmabantililalusamoslahtistö den ob dieser erstaunlichen Enthüllungen begeisterten Ermittlern, daß Jiffi Pahdarriporttipahnnankaajärvjokkiinenyläskistö gar nicht Jiffi Pahdarriporttipahnnankaajärvjokkiinenyläskistö hieße, sondern in Wahrheit den ebenso kurzen wie bündigen Namen Jiffi Iksisälyneniikkojvräjaaknannhapittropstö habe und nicht im Renbüro des Weihnachtsmannes gearbeitet habe, sondern lediglich im Rennstall, und zwar als Rentierhufauskratzer.

Damit war die Glaubwürdigkeit dieses Experten natürlich leicht erschüttert. Das bestärkte das mißtrauisch gewordene Verlagsmanagement in der nicht abwegigen Vermutung, einem Jahrhundertweihnachtsschwindel aufgesessen zu sein.

Auf der Suche nach einem Schuldigen entschied man sich für den erstbesten, der einem einfiel, und das war Zackmanns Pech. Während der Chefredakteur seine Abfindung nehmen mußte, wurde Zackmann der Betrugsprozeß gemacht, der mit seiner rechtskräftigen Verurteilung endete.

Das Gericht sah es als erwiesen an, daß er mit dem geheimnisvollen Informanten unter einer Decke gesteckt und das Ganze inszeniert habe, um sich persönlich zu bereichern. Dafür hatte die Staatsanwaltschaft unwiderlegbare Indizien und belastende Beweisstücke vorgelegt, die in Zackmanns Wohnung gefunden worden waren. Darunter ein Gebrauchtweihnachtsbaum, eine überaus seltene und deshalb kostbare Kollektion von altem Geschenkpapier und – dies war das entscheidende Stück – eine Reliquie, die drei aus der Krippe des Christkindes stammende Strohhalme enthielt. Deren Echtheit bestätigte ein daran hängendes Zertifikat, signiert von einem gewissen R. Icwyw.

Daß Edward Archibald Zackmann dennoch seine Unschuld beteuerte, trug fatalerweise, selbst für Prozeßbeobachter nicht wenig überraschend, dazu bei, daß die Richter eine höhere Strafe verhängten, als der Staatsanwalt gefordert hatte.

Grund dafür waren die Aussagen dreier Kunstgewerblerinnen, die bezeugten, Zackmann sei ihr Stammkunde gewesen. Sie taten dies, wie sich wenig später herausstellte, um so kostenlose Werbung für ihre Dienstleistungen zu bekommen.

Dies alles war Jupp Iglhuber durch den Kopf gegangen, während er zur Türe des festlich geschmückten Raumes schritt, in dem gleich die Weihnachtsfeier beginnen würde.

Die Anstaltsinsassen hatten ihre Plätzchen eingenommen und harrten der Dinge, die unerbittlich kommen würden.

Selbst hartgesottenen Häftlingen, die bei keinem noch so blöden Witz mehr den Mund verzogen, standen blanke Tränen der Rührung in den Augen, als die Orgel »Macht hoch die Tür« zu intonieren begann, ein Lied, in das alle Anwesenden inbrünstig einfielen, allen voran und besonders laut Edward Archibald Zackmann …

Verweigert das Weihnachtsgeld!

Um diese radikale Forderung zu begreifen, sei an jene eingangs aufgeworfene Frage, die das zentrale Anliegen dieses Buches ist, erinnert, die da lautet:

Können wir Weihnachten erleben oder wird Weihnachten uns überleben?

Wenn Sie, liebe Leserin, lieber Leser, die bisher vorgetragenen Fakten als solche akzeptiert, den Folgerungen beigepflichtet haben und den Forderungen zustimmen, so resultiert daraus die Notwendigkeit, Taten folgen zu lassen und den alles entscheidenden Schritt zu tun, um dem Wahnsinn ein Ende zu setzen und somit zum Schlag gegen die Weihnachts-Mafia auszuholen.

Fraglos verlangt dies Opfer, Opfer, die jeder einzelne zu bringen hat. Aber denken wir einmal nach: Ist der Verzicht auf eine lächerliche Summe, auf schnöden Mammon, der nur Krieg, Unfrieden und dauerhaften Schaden an Leib, Psyche und Seele bewirkt, nicht ein lohnendes Opfer?

Wie strahlend und verheißungsvoll sähe doch unsere Zukunft aus, hätten wir nicht ständig das Gespenst der unausweichlichen Weihnachtsgratifikation vor Augen, die uns, gleich wie wir's drehen und wenden, am Ende nur wieder zu der Überlegung bringt, wie wir Weihnachten beim nächsten Durchgang überleben können.

Ein infernalischer Kreislauf, aus dem es kein Entrinnen gibt, solange wir das keineswegs freiwillig Gegebene hinnehmen (was keine Anspielung sein soll).

Deshalb ist die Forderung nach Verweigerung des Weihnachtsgeldes die wohl wichtigste. Sie zieht allerdings eine weitere, ebenso logische wie zwingende Forderung nach sich, um endlich den versprochenen Frieden auf Erden zu finden, nämlich …

Weg mit dem Weihnachtsurlaub!

So mancher der Unzähligen, die mutmaßlich spontan bereit sind, auf das Weihnachtsgeld zu verzichten, dürfte auf diesen Aufruf mit Unwillen, ja gar mit nacktem Entsetzen reagieren. Das zeugt, gelinde ausgedrückt, davon, daß nichts, aber auch absolut gar nichts verstanden worden ist.

Dem mag der eine oder andere entgegenhalten, was an anderer Stelle in anderem Zusammenhang zitiert worden ist, nämlich: »Alte und Junge sollen nun von der Jagd des Lebens einmal ruhn.«

Aber doch bitte nicht ausgerechnet zu Weihnachten! In wirtschaftlich schweren Zeiten, in denen zum Überleben die Solidarität der Volksgemeinschaft, letztlich die der Weltgemeinschaft gefordert ist, darf es für Egoismus keinen Platz geben.

Jede Bürgerin, jeder Bürger wäre aufgerufen, seine ganze Kraft in den Dienst des Allgemeinwohls zu stellen.

Vergessen wir doch nicht, daß die Abschaffung des Weihnachtsfestes, sollte sie denn gelingen, was wir natürlich hoffen wollen, ganze Industriezweige brachlegt, empfindliche Einbußen in allen gesellschaftlichen und sozialen Bereichen nach sich zieht, Arbeitsplätze vernichtet, Arbeitslosigkeit zur Folge hat, kurzum die Volks- und

Weltwirtschaft schmerzlich in Keim und Kern erschüttert.

Die entstandene Lücke bedarf verständlicherweise der Füllung, eines ähnlich dimensionierten Ersatzes, der Ausgleich schafft, konjunkturfördernd ist, die Wirtschaft in ihrer Gesamtheit belebt, kurzum der auf nie dagewesene Art belebt und ankurbelt.

Das ist nur möglich durch entschiedenen Verzicht auf die zwar liebe, aber nunmehr völlig überflüssig gewordene Gewohnheit oder Annehmlichkeit des bisher zu dieser Zeit genommenen Urlaubs.

Die damit freigesetzten, im Übermaße vorhandenen Kapazitäten an Arbeitskraft, Produktionsstätten- und -mitteln sollten folgerichtig hingebungsvoll und selbstlos für die Schaffung von etwas Anderem, Unerhörtem verwendet werden.

Und was könnte das sein?

Ganz einfach: Weihnachten, noch totaler und radikaler, als man sich Weihnachten überhaupt vorstellen kann.[1]

Was aber ein unfrommer Wunsch bleiben dürfte. Denn eine Steigerung ist schwerlich möglich.

1 Die beklemmende Ähnlichkeit mit einem Ausspruch aus der jüngeren deutschen Vergangenheit ist kein Zufall.

Schluß mit dem Stuß![1]

»Rupie«, murmelte die kritische Annaliese und rieb sich schlaftrunken die Augen, »Rupie, ich hatte gerade einen ganz merkwürdigen Traum.«

»Erzähl, mein Schatz«, erwiderte Ruprecht Knecht unerwartet munter. »Ich höre.«

»Weißt du«, hob Annaliese nach herzhaftem Gähnen an, »wir hatten vorhin gesagt, wir wollten es über uns kommen lassen. Und da habe ich gerade prompt geträumt, es wäre gekommen und hätte so heftig geweihnachtet, daß es kein Überleben mehr gab, aber …«

»Aber was?« erkundigte sich ihr Rupie teilnahmsvoll.

Annaliese hob die Schultern und ließ sie resignierend fallen. »Aber rein theoretisch müßte es eine Möglichkeit zum Überleben geben, oder?«

Der Knecht krauste die Stirn und schüttelte nach kurzem Nachdenken den Kopf. »Nicht, daß ich wüßte. Denk du doch mal nach. Du bist schließlich die Analytikerin, mein

1 Zugleich wird hier das sorgfältig gehütete Geheimnis enthüllt. Richtig. Das ist es!

Herz.« Er sah seine bessere, kritische Hälfte gleichermaßen hoffnungs- wie erwartungsvoll an.

Die dachte ihrerseits kurz nach. »Einfach abschalten!« schlug sie freudig lächelnd vor.

Rupie nickte. »Tolle Idee! Machen wir!«

Und das taten sie auch.

Band 12436

Wolfgang Korruhn

Ach du lieber Gott

Ein Roman über Gott und seine Welt - »respektlos hinterlistig« und zauberhaft
HÖRZU

Gott, der alte Herr in seinem himmlischen Haus, ist seinen Job ein wenig leid geworden. Bittbriefe beantwortet er längst nicht mehr, huldigt lieber - in Maßen - dem Rotwein und läßt überhaupt die Zügel schleifen. Das Resultat: Himmel und Erde laufen langsam, aber sicher aus dem Ruder, und der psychoanalytisch geschulte Luzifer konstatiert: daß alles so ist, wie es immer schon war: schlechter als früher.
Um der wohlanständigen, jedoch erdrückenden Langeweile zu entkommen, begibt sich die himmlische Belegschaft, ausgestattet mit einer goldenen Kreditkarte, auf die Erde, um dort ein wenig Abwechslung zu genießen...

BASTEI
LÜBBE

Band 12592

Dieter Höss

Hössliche Weihnacht

Satiren, Sprüche, Limericks von Dieter Höss

Alle Jahre wieder geht es in deutschen Landen heiß her, angefangen mit dem unheiligen Advent und der verbissenen Geschenkejagd durch Einkaufsstraßen und Kaufhäuser, vorbei an tausend falschen Wattebärten bis hin zum Fest der Liebe, zur gebratenen Gans, zum Weihnachtsgebäck und zum Glühwein. Auch danach ist Weihnachten noch längst nicht vorüber. Wem der Zimmerbrand erspart geblieben ist, der tut Buße beim Geschenkaustausch, und der Tannenbaum ist längst entsorgt, wenn die allerletzte Nadel piekst...

BASTEI LÜBBE